MADRID
en sus arquitectos
Desde la capitalidad
hasta nuestros días

Antonio Moreno Castillo

ediciones
LA LIBRERÍA

© De esta edición: Ediciones La
Librería, 2025
C/ Mayor, 80
28013 Madrid
Telf.: 91 541 71 70
E-mail: info@edicioneslalibreria.es
ISBN: 978-84-9873-584-0
Depósito Legal: M-14262-2025

A mi hermana Aurelia.

Índice

Introducción

¿Es la arquitectura un arte? En principio la pregunta parece superflua, y la respuesta, afirmativa. El mundo está lleno de edificios que no nos dejan ninguna duda de que la arquitectura es un arte, o por lo menos, lo puedes ser, y de tanta categoría como la escultura y la pintura. Pero hay muchos libros de arquitectura, tanto de historia[1] como de teoría[2], que se hacen esta pregunta e insisten mucho en las diferencias entre la arquitectura y el resto de las artes plásticas. De hecho, hay muchos libros que se titulan *Arte y arquitectura de...*, sea de una época o de un país, como si la arquitectura no formara parte del arte. Y entre los historiadores de la arquitectura hay un cierto complejo de culpabilidad por no haber sabido despertar el interés

1 José María Azcárate Ristori, en la introducción al tomo III de la *Historia del arte* de Ediciones Carroggio, dedicado a la arquitectura, trata este tema ampliamente; incluso se refiere a las connotaciones sociales negativas que puede tener un edificio, como el hecho de haber sido una prisión o un centro represivo. Este aspecto nos parece secundario.
2 Vid. capítulo I de Zeis, 1979.

del público profano, y de que los arquitectos no sean personajes tan conocidos como otros artistas, y en el caso de que lo sean, sepamos menos de sus vidas.

Efectivamente, los arquitectos son menos conocidos. Nadie sale de la Capilla Sixtina sin saber quién era Miguel Ángel, ni nadie que haya observado *Las meninas* sale del Museo del Prado sin saber quién era Velázquez, y lo más probable es que lo supieran antes de entrar. En cambio, muchas personas que han visitado El Escorial se van sin saber quiénes eran Juan Bautista de Toledo (Madrid o Toledo, 1515-Madrid, 1567) ni Juan de Herrera (Roiz, 1530-Madrid, 1597), o después de visitar la catedral de Santiago de Compostela se van sin saber quiénes eran Domingo de Andrade (Cee, 1639-Santiago de Compostela, 1712) ni Fernando Casas Novoa (Santiago de Compostela, 1670?-Santiago de Compostela, 1749). Es posible que tengan noticia de estos nombres si leen una guía u oyen una explicación, pero enseguida los olvidarán. Y he puesto como ejemplo de este fenómeno dos edificios de una categoría artística extraordinaria. Hay algunas excepciones, como Gaudí, lo cual no es necesariamente una alabanza. De hecho, es un tópico que al título de una exposición o una publicación dedicada a un arquitecto se le añada la apostilla de *ese desconocido*.

Nada más lejos de mi intención que criticar el turismo masivo o la ignorancia generalizada, temas que nada tienen que ver con este libro. Lo que hemos comentado es algo sumamente lógico y que se explica por muchas razones que intentaremos explicar. Hay una que salta a la vista: tanto la Capilla Sixtina como *Las meninas* son obra de un solo artista, y en cambio, de los dos edificios anteriores hemos citado dos arquitectos, y no son los únicos. Esto es debido, entre otras cosas, a que es relativamente probable que el arquitecto se muera antes de que se acabe el edificio. Es lo que pasó en El Escorial, que a pesar de que se realizó en un tiempo relativamente breve en comparación con sus dimensiones, Juan Bautista de Toledo se murió antes de ver acabada la obra, y le sucedió Juan de Herrera. El caso de la catedral de Santiago es más complejo, porque se empezó en el siglo XII, y la última intervención, que es la fachada de las Azabacherías, se acabó el 1770, con lo cual la nómina de arquitectos sería mucho más larga. Pero no es esta la única razón.

Es evidente que la arquitectura tiene una serie de implicaciones técnicas que no tienen nada que ver con el arte, porque, sea o no una obra de arte, tiene que ser útil y tiene que tener firmeza. Al tener una vertiente práctica, lo tiene peor como creación estética. Y además la construcción de un edificio requiere grandes inversiones económicas, por lo cual la mayoría de los monumentos han sido subvencionados por el Estado, la Iglesia o la nobleza, y el arquitecto tiene que satisfacer a quien le encarga el edificio. Es cierto que también los pintores necesitan satisfacer a una clientela para cobrar su estipendio, pero en arquitectura al estipendio del artista hay que añadir lo que cuesta el edificio y la función que tiene que cumplir. Y también requieren mucho tiempo, lo que hace que a lo largo de la construcción puede haber cambios y pueden intervenir varios arquitectos, de manera que el resultado no se corresponda exactamente con el proyecto inicial. Por otra parte, el arquitecto no siempre dirige personalmente la construcción, sino que muchas veces cuenta con aparejadores y maestros de obras que pueden alterar el proyecto.

A todo ello hay que añadir que los edificios, después de acabados, son susceptibles de añadidos, reparaciones o reformulaciones que pueden alterarlos profundamente y pueden hacer que quede poco de la idea original. Las catedrales entre los siglos XIII y XVIII contaban con un maestro mayor, lo que quiere decir que su construcción se consideraba un proceso abierto e inacabado. A partir del XIX los monumentos se consideran acabados y no se continúan, sino que se restauran, y si no están acabados, intentan acabarse (Hernando, 2004: 289). Es lo que sucedió con algunas catedrales, que si no tenían fachada, se hizo en el XIX, como la de Barcelona o la de Florencia. Todo ello hace que la arquitectura esté mucho más sometida a los avatares económicos, sociales y políticos que cualquier otra manifestación artística, y que la relación entre el artista y la obra sea infinitamente más problemática que en otras artes. Así se explica perfectamente que los arquitectos sean menos conocidos que otros artistas, exonerando de toda culpa a los historiadores de la arquitectura.

Manuel Rincón Álvarez, en su excelente libro *El Renacimiento en el monasterio de San Lorenzo de El Escorial* (2023), ilustra esta situación con una gran claridad. En primer lugar, nos dice que no se puede entender sin conocer las motivaciones de Felipe II, auténtico promotor del edifico, que tenía una gran cultura arquitectónica y que vigilaba los más mínimos detalles. Su elección de Juan Bautista de Toledo fue una decisión personalísima, que no es fácil de explicar, porque ni vivía en España ni contaba con especiales credenciales que justificasen su nombramiento, pues sus méritos eran más urbanísticos que arquitectónicos. Juan Bautista tuvo que venir de Nápoles, y en el viaje perdió a su mujer y a sus dos hijas. Y añade que El Escorial es un edificio único, pues tenía que ser a un mismo tiempo basílica, panteón, convento, biblioteca, colegio y morada del rey.

Pero lo más significativo en relación a este tema, es que en 1564 el arquitecto recibió la indicación de que el monasterio tendría que albergar a cien frailes en vez de a cincuenta, sin que se pudiese aumentar el perímetro. Esto obligó a Juan Bautista a modificar el proyecto inicial, añadiendo un piso más a la fachada principal, lo cual provocó su justificadísimo enfado y fue el origen de perpetuos enfrentamientos con Felipe II y los jerónimos. Según el arquitecto **Secundino Zuazo** (Bilbao, 1887-Madrid, 1970), del que hablaremos en el capítulo del siglo xx, el edificio se hizo menos renacentista y más español. Este arquitecto hizo el único dibujo del proyecto original, que figura en el libro.

Y cuando Juan de Herrera tomó a su cargo las obras no tuvo que soportar ningún cambio de plan, pero sí presiones encontradas sobre la planta de la iglesia. La posición humanista era partidaria de la cruz griega, que nos remite a un Cristo como máxima expresión de perfección y armonía; y la contrarreformista, de la cruz latina, que nos recuerda que Jesús murió por amor a los hombres. La solución fue salomónica, pues la planta de la iglesia es de cruz latina si se considera que el presbiterio y el coro son partes integrantes de la basílica, pero en caso contrario es de cruz griega.

Pero aunque el desconocimiento de los arquitectos está muy justificado, lo que nos proponemos en este libro es solucionar este problema en lo que a Madrid se refiere; es decir, poner nombres y apellidos a los edificios de Madrid construidos después de ser nombrada capital. Es evidente que muchas personas profanas en el tema, madrileñas o no, conocen los nombres de Pedro de Ribera, Francesco Sabatini o Antonio Palacios, pero quizás sepan menos de sus vidas, y otros nombres de arquitectos destacados les resulten menos familiares. Este planteamiento hace que demos más importancia a la cantidad que a la calidad. Es decir, la importancia que damos a un arquitecto está más en función de la cantidad de edificios que de su calidad artística. Y hay edificios muy emblemáticos de los que no hablamos, porque no son obra de un arquitecto prolífico ni son especialmente representativos de un estilo determinado. Pero sea por las razones que sea, es imposible hacer alusión a todos los edificios de Madrid que tengan algún interés.

También queremos aclarar que en este libro se habla única y exclusivamente de arquitectos y arquitecturas con la máxima objetividad posible y se prescinde de cualquier otra manifestación cultural de la ciudad de Madrid. Hacemos muy pocas alusiones al interior de los edificios y tampoco dedicamos especial atención a las esculturas anejas a ellos. Tampoco hacemos especial alusión a los edificios desaparecidos, que lamentablemente son muchos, ni a aquellos cuyos planos de quedaron en el tintero, que, menos lamentablemente, también son muchos. Hay opiniones que al habitante de Madrid o al visitante pueden no gustar, pero nadie tiene que ofenderse. Todo el mundo tiene derecho a tomar afecto a los escenarios de su vida o a cualquier edificio que aquí sea criticado; o a la inversa, puede encontrar desafortunado un edificio que en este libro esté bien valorado. De hecho, muchos libros de arquitectura mantienen unos criterios muy diferentes del mío en lo que a arquitectura moderna se refiere. Pero en general, diría que este libro no es para los apasionados de Madrid.

Hay que añadir que el autor de este libro, en su ya dilatada vida, no ha pisado un archivo y se ha basado en el testimonio de los libros de historia y de historia del arte. Pero los datos de los diferentes libros no siempre coinciden. No todos los libros atribuyen los edificios a los mismos autores, incluso del siglo XX, y las fechas pueden cambiar mucho de un libro a otro. Esto no es ni mucho menos una crítica a los profesionales de la historia del arte, sino una constatación de la imprecisión de las fuentes, debido en parte a todo lo que hemos comentado al comienzo del capítulo.

Y aunque al final del libro figura toda la bibliografía, querríamos hacer especial mención de algunos autores de especial importancia en la elaboración del libro. En primer lugar, hay que citar a Fernando

Chueca Goitia, que quizás sea el historiador de la arquitectura más importante de España del siglo XX. En la bibliografía citamos tres obras, todas ellas muy sugerentes, pero en este momento me interesa destacar el tomo IV de la *Historia del arte* editada por Fernando Carroggio (1983), que coincide con la época que tratamos en este libro. Se deduce del título de la obra que no habla solo de España, sino de todo el mundo. Su exposición nos parece ponderada, rigurosa y amena, y nos parece de lectura recomendable y muy útil como consulta para el viajero interesado en el arte, como complemento de las guías turísticas. Cuando lo citamos sin aclarar la fuente, cosa que hacemos constantemente, nos referimos a este libro. De él hemos extraído muchas ideas, aunque, como es natural, no coincidimos necesariamente en todos los juicios.

También queremos hacer una mención especial del libro de Maite Rodríguez Ariza titulado *Madrid para madrileños* (2022). Está planteado como un guía arquitectónica de Madrid, que es de suma utilidad. Insiste en las anécdotas de los edificios, mientras que el nuestro insiste más en las de los arquitectos. También se acompaña de consideraciones sociológicas, económicas y urbanísticas de gran utilidad, algunas de las cuales comentamos en este libro, siempre con la correspondiente cita bibliográfica. Sus descripciones son muy sugerentes, y en algunos casos nos hemos basado en ellas, también con las correspondientes citas. La selección y valoración de las arquitecturas y de los arquitectos no coinciden siempre con las nuestras, pero esto no es una crítica, sino una constatación de la sana e inevitable discrepancia de pareceres. Resumiendo, la única crítica que hacemos a su libro es el título, pues su libro no es solo para madrileños.

Parecidas cualidades tiene el libro *Construyendo un imperio* (2016) de David Pallol. El libro se limita a una época breve, la de los primeros años del franquismo, por lo que su estudio es más detallado. También se acompaña de comentarios políticos, económicos y sociológicos, algunos de los cuales coinciden con los de Rodríguez Ariza, y también será citado como fuente.

La *Guía de Madrid: Arquitectura y urbanismo* (1984) del Colegio Oficial de Arquitectos de Madrid está planteada de otra manera. Comenta muchos más edificios, por lo que sus descripciones son lógicamente más breves pero también muy útiles, pues hay observaciones que solo puede hacer un profesional de la arquitectura. Contiene también una historia urbanística de Madrid también de gran utilidad, aunque en nuestro libro el urbanismo ocupa un lugar secundario.

Entre los muchos fascículos citados de Historia 16 nos interesa destacar *Arquitectura barroca cortesana* (1991), de José Luis Sancho Gaspar, y esto por dos razones. La primera es que se centra en el siglo XVIII, que nos parece el siglo de oro de la arquitectura madrileña; y la segunda, porque nos muestra muy claramente los enfrentamientos políticos y personales que puede haber detrás de la arquitectura y cómo la pueden condicionar.

Y por último, hacer alusión a la infinidad de páginas web, sin las cuales este libro sería imposible. Aparte del material gráfico, que permite examinar detenidamente los edificios sin tenerlos presentes, la gran mayoría de los datos biográficos provienen de esta fuente. Hay que destacar por su importancia Wikipedia, la de la Real Academia de la Historia y, sobre todo, la del Instituto de Estudios Madrileños.

Siglos XVI-XVII

Dice Chueca Goitia en su libro *Breve historia del urbanismo* (2018: 160) que en la Antigüedad el Estado es una emanación de la ciudad y se funde con ella, pero en la época moderna la ciudad es una emanación del Estado, es una condensación de los instrumentos políticos de este. Esta afirmación, si es cierta en general, lo es mucho más para Madrid como gran ciudad. En el 1561, en pleno siglo XVI, el jefe de un Estado, cabeza de un gran imperio y en ese momento árbitro de los destinos de Europa, decide hacer de Madrid la capital de este estado. Es cierto que Madrid distaba mucho de ser una ciudad insignificante, pues contaba con entre quince mil y veinte mil habitantes, lo que en esa época era ya mucho. Pero la mayoría de las ciudades europeas que actualmente son grandes urbes, como Londres, París, Milán o Nápoles, ya lo eran entonces. No es este el momento de analizar las razones, ni menos la conveniencia de dicha decisión, pero sí de constatar este hecho, que es en cierto modo insólito.

Pero siempre nos ha llamado la atención lo poco o nada que queda de esa época. No hay un Madrid de

Felipe II, como hay una Lisboa pombaliana, consecuencia del terremoto de 1755, o un Londres de Cristopher Wren[3] (East Knoyle, 1632-Londres, 1723), consecuencia del incendio de 1666. Siempre tuvimos la sensación de que El Escorial absorbió plenamente las energías del monarca, que, como comentamos en el capítulo anterior, se preocupó de todos sus detalles. Y esta sensación se vio completamente corroborada por la autoridad de Virginia Tovar Martín, que abunda en estas afirmaciones en diferentes publicaciones. Dice que Felipe II no solo no demostró un especial interés en la ciudad de Madrid, y que dejó en ella muy poca huella arquitectónica, sino que El Escorial fue también la auténtica capital política del estado (Tovar Martín, 2000: 210). Los edificios importantes de Madrid son anteriores a él o de la centuria siguiente, de manera que cuando hablamos del Madrid de los Austrias estamos hablando del Madrid del siglo XVII.

Evidentemente, la capitalidad produjo una serie de cambios urbanísticos y demográficos. En 1590 existían ya las calles Atocha, Toledo y Mayor y hacia ese mismo año **Diego Sillero** (Madrid, 1635-1606) construyó la Casa de la Panadería paralela a la calle Mayor,

3 Del comentario se deduce que planificó numerosos edificios, pero el más importante es la catedral de San Pablo, imponente edificio barroco que sustituye una catedral gótica que fue pasto de las llamas en 1666.

en la plaza del Arrabal, futura plaza Mayor. Se llama así porque su función era el almacén de trigo y harina. La población aumentó rápidamente, pues llegó a tener, como máximo, noventa mil habitantes al acabar el siglo, aunque las cifras tampoco son exactas. Dice Beatriz Blasco Esquivias que las casas se edificaban con la misma prisa y espontaneidad con la que iban llegando los nuevos habitantes, pero no al ritmo deseado, aumentando así la densidad de la población (2000: 84). Y Madrid se hizo también una ciudad conventual que al acabar el siglo contaba con treinta conventos (1995: 34).

La explicación de esta situación puede ser que el traslado de la corte a Madrid no se considerara definitivo. En 1566 y en 1580 hubo rumores de traslado (2000: 42 y 52). Y, como es sabido, en 1601 el corrupto Felipe III, previo el pago de 250 000 ducados (Guardia *et al.*, 1995: 34), trasladó la corte a Valladolid para devolverla definitivamente a Madrid en 1606. En este período don Luis de Góngora no perdió la ocasión de verter toda su mordacidad sobre Valladolid, dedicando varias poesías satíricas a la ciudad y a sus ríos, el Pisuerga y el Esgueva, algunas de carácter escatológico[4]. A partir de 1606 Madrid se consolida como capital y

---

4 Sonetos 105 y 106 (Góngora, 1985: 173-174); y letrilla xxxi-
ii (Góngora, 1980: 139).

se plantea un comienzo de planificación. Pero Madrid no debía su fama a ninguna circunstancia relevante, pues no tenía mar, ni río caudaloso, ni una universidad vetusta, ni una catedral ni edificios comparables a los de otras ciudades. Madrid, como gran ciudad, es una creación del estado, favorecida por un buen clima, que invita a estar en la calle, incluso de noche, como se puede comprobar actualmente.

En este período indeciso el arquitecto más destacado es sin duda Francisco de la Mora, nacido en Cuenca en 1553, que se formó con Juan de Herrera en el monasterio de El Escorial y le sustituyó a la muerte de este, completando algunas partes del edificio. También diseñó la Villa Ducal de Lerma. En 1592 fue nombrado maestro mayor de la villa de Madrid, cargo que ocuparía hasta su muerte. Realizó los primeros diseños de la plaza Mayor, pero no llegó a ponerlos en práctica.

En 1610 Francisco de la Mora se dirige al Consejo de Castilla diciendo que es urgente poner orden en la construcción de Madrid y que hay que prohibir la edificación sin licencia (Blasco Esquivias, 2000: 84). Pero ese mismo año muere en extrañas circunstancias y le sucede en el cargo su sobrino Juan Gómez de la Mora, nacido en Cuenca en 1586. Era hijo de Juan Gómez, pintor que trabajó en El Escorial, y Francisca de la Mora, hermana de Francisco. Durante muchos años el ambiente familiar será decisivo en la formación de los arquitectos.

Juan Gómez de la Mora, a los veinticuatro años de edad, asumió la tarea de hacer de Madrid la capital de un estado moderno. Fue el arquitecto preferido de Felipe III, que en 1611 le nombró maestro mayor de las obras reales. Formó parte del círculo de Lope de Vega, Calderón de la Barca, Juan Bautista Crescendi y Velázquez, quien se interesó mucho por su obra. En 1614 se casó con Inés Sarmiento de la Concha. Realizó muchos edificios, muchos de los cuales han desaparecido. Después de la muerte de Felipe III, acaecida en 1621, siguió trabajando, pero no gozó de especiales simpatías del Conde-Duque y fue víctima de ciertas intrigas (Tovar Martín, 1983).

Nos advierte Chueca Goitia de que no se puede hablar propiamente de arquitectura barroca en España en la primera mitad del siglo XVII, y en la segunda, con mucha prudencia. La huella de El Escorial es notoria. Con otros términos nos dice lo mismo Tovar Martín cuando señala que los Mora hacen una arquitectura muy geométrica, con volúmenes y formas cúbicas, con más pilastras que columnas (2000: 212). Hay que añadir que en estos años comienza la decadencia económica en España, que paulatinamente irá cediendo la hegemonía europea a Francia, que quedará sellada en la Paz de Westfalia en 1648, en la que

Europa reconoció la independencia de Portugal, que España no reconoció hasta el 1668. Esta penuria se manifestará en los materiales de construcción, en la que abundan la mampostería y el ladrillo, sobre todo este último.

No es fácil saber qué edificios son de Francisco y cuáles de su sobrino, y algunos de los que se le habían atribuido hoy día se duda de su autoría. El primer edificio realizado por los Mora, probablemente diseñado por Francisco y llevado a la práctica por Juan, que tampoco pudo acabarlo, es el palacio del Duque de Uceda (c/ Mayor, n.º 79), hoy sede de la Capitanía General de Madrid. Es un edificio rectangular que tiene la particularidad de tener en la fachada principal dos puertas de igual importancia, flanqueadas por columnas dóricas que soportan un entablamento con un balcón, cuyas aberturas esta flanqueadas por columnas jónicas. Las ventanas del primer piso tienen frontones triangulares, las del segundo, curvos, y las del tercero no tienen frontones. Está hecho de granito para las líneas constructivas y el ladrillo para las superficies, lo que será la tónica de muchos edificios madrileños hasta el siglo xix.

También se atribuyen a Mora y a **Juan Bautista Crescendi** (Roma, 1577-Madrid, 1635) los planos del Palacio del Buen Retiro (c/ Méndez Núñez, s/n), edificio de gran categoría arquitectónica que el ejército napoleónico dejó reducido a una fachada.

En el 1617 Gómez de la Mora transforma la plaza del Arrabal en la plaza Mayor siguiendo los planos de Juan de Herrera y de su tío Francisco, dándole una forma rectangular. Se abrió al público en 1620, con motivo de la canonización de san Isidro, pero en 1631 sufrió un incendio y en 1636 elaboró otro plano (Chueca Goitia, 2018: 146). El modelo era la plaza Mayor de Valladolid, que es la primera plaza rectangular de España.

Siempre se atribuyó a los Mora la autoría del convento de las Agustinas Recoletas (plaza de la Encarnación, 1), fundada por la reina Margarita de Austria, pero algunos historiadores creen que es obra del arquitecto carmelita fray Alberto de la Madre de Dios, que había colaborado con Francisco de la Mora en la villa ducal de Lerma. El edificio está inspirado directamente en el convento de San José o las Madres de Ávila, obra de Francisco de la Mora. En realidad es posible que sea obra de los Mora y del arquitecto carmelita. Chueca Goitia lo considera el mejor ejemplo de llaneza y rusticidad propio del estilo de los Austrias. También nos dice que el exterior del edificio ha llegado inalterado a nuestros días, pero el interior, por el contrario, fue remodelado profundamente por Ventura Rodríguez en la centuria siguiente. Consta de una fachada sencilla, con tres arcos de medio punto de entrada al nártex, el del centro un poco más alto. Dos pilastras recorren el edificio en toda su altura, hasta el frontón triangular con el que se remata la fachada. En el centro hay una hornacina con una imagen de la Anunciación. Perpendiculares a la fachada hay dos cuerpos construidos con mampostería y ladrillo, de los cuales el de la izquierda se continua con el monasterio.

También se atribuye a Juan Gómez de la Mora la cárcel de Corte o palacio de Santa Cruz, actualmente sede del Ministerio de Asuntos Exteriores, pero no hay documento que lo acredite. Es un edificio de una gran categoría artística, que tiene la suerte de presidir una plaza, la plaza de la Provincia, por lo que su visibilidad es perfecta, aunque no le favorece la proximidad de la torre de la homónima iglesia de la Santa Cruz. A algún visitante extranjero le pareció un edificio demasiado bonito para ser cárcel.

El edificio nos parece inspirado en El Escorial, a pesar de sus muchas diferencias. Aunque es de ladrillo y las ventanas presentan una ornamentación muy peculiar, la disposición de la facha es similar, con las columnas concentradas en el medio y las torres con chapiteles en los extremos. Haciendo excepción del Ministerio del Ejército, que es otro asunto, nos parece que los dos edificios de España más influidos por

El Escorial son este y el Colegio de la Compañía de Monforte de Lemos, llamado precisamente El Escorial gallego, que es como una versión italianizante del Escorial. Este edificio es de una categoría extraordinaria y sería más conocido si se encontrara en una ciudad de mayor tamaño.

También es de Juan Gómez la Casa de la Villa (pl. de la Villa, s/n), situada en la plaza del mismo nombre. El edificio se inició hacia 1629 y a lo largo de su construcción intervinieron diferentes arquitectos. Tiene dos pisos, el primero de piedra, con ventanas sencillas y el segundo de ladrillo, con ventanas rematadas por frontones triangulares, separadas por pilastras sencillas. Como el palacio del Duque de Uceda, tiene la particularidad de tener dos puertas de igual importancia en su fachada principal. Están flanqueadas por dos pilastras, sobre las que se superpone una moldura que bordea toda la puerta, que dibuja dos cuadrados en los ángulos superiores. Sobre ellas hay un entablamento sobre el cual hay un óculo semioculto por una especie de frontón curvo sobre el que hay tres escudos, el del medio a más altura. Como el palacio de Santa Cruz, presenta en los ángulos torres con chapiteles. La fachada que da a la calle Mayor fue remodelada por Juan de Villanueva en el siglo XVIII.

Juan Gómez de la Mora murió en Madrid en 1648, el año de la Paz de Westfalia.

Serán los arquitectos jesuitas Pedro Sánchez y Francisco Bautista los que empezarán a apartarse tímidamente de la disciplina herreriana, lo cual no es casualidad, porque se basan en la iglesia de Il Gesú de Roma, modelo de arquitectura contrarreformista para todas las iglesias de los jesuitas del mundo. Son los autores de la iglesia del Colegio Imperial de los Jesuitas (c/ Toledo, n.º 37-39), que después de su expulsión en tiempos de Carlos III se dedicó a san Isidro, nombre con el que se conoce actualmente.

Pedro Sánchez nació en Villanueva de la Zarza, provincia de Cuenca, en el año 1569. Su padre era maestro albañil, con lo cual nos encontramos con la influencia del ambiente familiar. Entró como novicio en el Colegio de la Encarnación de los jesuitas de la localidad cordobesa de Montilla en el año 1591. Estuvo en otros colegios, en los que tuvo enfrentamientos con los superiores de la compañía, que no veían con buenos ojos que sus miembros se dedicasen a la construcción, desatendiendo las tareas espirituales. Después de haber desarrollado una intensa actividad constructora en Andalucía, en 1624 se instala en Madrid. Ese mismo año proyecta la iglesia de San Antonio de los Portugueses, llamada de los Alemanes (c/ Corredera Baja de San Pablo, n.º 16) a partir de 1668, cuando España reconoce la independencia de Portugal. Esta iglesia tiene una planta elíptica, con la entrada y el presbiterio en los extremos del eje mayor de la elipse. El exterior de la iglesia fue muy alterado posteriormente, pero la importancia de esta iglesia está en los magníficos frescos que cubren el interior, obra de Juan Carreño de Miranda, Francisco Rizi y Lucas Giordano, que hacen de ella la Capilla Sixtina madrileña. A partir del 1622 empezó a diseñar el Colegio Imperial de los Jesuitas, pero murió en 1633 y las obras las continuó el también jesuita Francisco Bautista.

Francisco Bautista nació en Murcia en el año 1595. Su padre era retablista, oficio que él aprendió. En 1610, a los quince años de edad, entró en el colegio de los jesuitas de Murcia. En 1620 fue enviado al colegio de Alcalá de Henares, para cuya iglesia, hoy parroquia de Santa María, construyó un retablo. En 1633 sustituye a Pedro Sánchez en las obras del Colegio Imperial de los Jesuitas. Ya hemos comentado que estos arquitectos siguen el modelo de Il Gesú de Roma. En esta iglesia no hay nártex para que los fieles no puedan entretenerse en la entrada y entren inmediatamente en el cuerpo de la iglesia formada por una sola nave, de modo que la congregación esté junta y concentrada en el altar mayor. En lugar de naves laterales hay una serie de capillas interconectadas y el transepto está reducido a esbozos, enfatizados por los altares del fondo.

La iglesia del colegio madrileño se diferencia de su modelo en que tiene un nártex sotocoro, como El Escorial. La fachada es diferente, pero tiene en común con Il Gesú la presencia de órdenes gigantes, columnas en el cuerpo central y pilastras en los laterales. Estos órdenes presentan capiteles dórico corintios y son un invento de Francisco Bautista, que tendrá mucho éxito en el futuro. La fachada presenta dos majestuosas torres, unidas por una balaustrada, y la cúpula, situada sobre un tambor, es octogonal, aunque en el interior es semiesférica, es decir, Brunelleschi[5] (Florencia, 1377-Florencia, 1446) por fuera y Miguel Ángel[6] (Caprese Michelangelo, 1475-Roma, 1564) por dentro. Esta será la tónica de las iglesias madrileñas del siglo XVII.

Francisco Bautista realizó otras obras en Madrid y fuera de Madrid, como los jesuitas de Toledo. Es el autor de la capilla del Cristo de los Dolores o de la Tercera Orden de San Francisco (c/ San Buenaventura, n.º 1), situada al lado de la de la iglesia de San Francisco el Grande. Y nunca abandonó la labor de retablista, pues construyó el retablo del altar mayor de esta capilla y otros más.

5 Es autor de la cúpula de Santa María del Fiore, catedral de Florencia, octogonal por fuera y por dentro.
6 Autor de la cúpula de San Pedro del Vaticano, semiesférica por fuera y por dentro.

En el año 1642 se abrió un concurso para la capilla de San Isidro de la iglesia de San Andrés, pero no salieron elegidos los planos de Bautista, sino los de Pedro de la Torre. Pero el jesuita ayudó a determinar el emplazamiento y a la cimentación del edificio. En principio apoyó a Pedro de la Torre en conservar la iglesia de San Andrés, contrariamente a lo que creía Juan Gómez de la Mora, pero después tuvieron que reconocer que era imposible. Francisco Bautista murió en el año 1679, rodeado del prestigio y reconocimiento de sus compañeros de profesión.

Pedro de la Torre nació en 1596, posiblemente en Cuenca, de donde eran sus padres. Probablemente su formación se inició en el ambiente familiar, pues su hermano José colaboró con él. Su primera ocupación fue la de retablista, actividad que nunca abandonó, pero como acabamos de comentar, en el año 1642 ganó el concurso para la capilla de San Isidro (pl. de los Carros, n.º 3; pl. de San Andrés, n.º 1; c/ Costanilla de San Andrés, n.º 7) del templo de San Andrés. Contrariamente a los planos de Juan Gómez de la Mora, orientó la capilla perpendicularmente a la iglesia, lo que permitió que fuera mayor que la propia iglesia. Pero las obras no avanzaban, y se pararon en 1650 sin haber pasado de los cimientos, por lo que fue apartado de las obras. También diseñó la iglesia de

Montserrat (c/ San Bernardo, n.º 70). Murió en Madrid en el año 1677.

Las obras de San Isidro se reanudaron en 1657 bajo la dirección de José de Villareal, que murió en 1662, siendo sustituido por Juan de Lobera, también retablista, nacido probablemente en Zaragoza hacia 1620 y muerto en Madrid el 1681. En 1669 la iglesia fue solemnemente inaugurada por Felipe IV y su mujer Mariana de Austria.

Como tantos edificios de Madrid, las superficies son de ladrillo y las líneas constructivas son de piedra. Tiene planta alargada y una cúpula rematada por una linterna, que descansa sobre un tambor octogonal, decorado con hornacinas que albergan estatuas de los doce apóstoles y de los cuatro evangelistas. En las esquinas y en medio de las paredes laterales presenta pilastras apareadas con capiteles jónico corintios, y sobre ellas recorre el edificio un entablamento decorado con modillones. La puerta presenta un par de columnas a cada lado, también con capiteles jónico corintios. La decoración interior es extraordinaria, a base de mármoles y jaspes. Fue destruida durante la Guerra Civil, pero restaurada cuidadosamente en la década de los noventa.

En la segunda mitad del siglo XVII hay que destacar a Lorenzo Martínez, más conocido como fray Lorenzo de San Nicolás, nombre que adoptó tras profesar como agustino. Nació en Madrid en el año 1593. Su padre, Juan Martínez, era maestro de obras, e ingresó en la orden agustina a la muerte de su mujer. Lorenzo, conforme a los deseos de su padre, entró en la orden en el año 1609, a los dieciséis años de edad, y en el 1635 era ya sacerdote. Trabajó en Talavera de la Reina, Colmenar de Oreja, Toledo y en otras ciudades. Además de proyectar muchos edificios, escribió un tratado de arquitectura titulado *Arte y uso de la arquitectura*, cuya primera parte se publicó en 1639 y la segunda en 1665. En Madrid construyó varias iglesias, entre otras, la iglesia y el convento de las Benedictinas de San Plácido (c/ San Roque, n.º 9) y el convento de las Calatravas (c/ Alcalá, n.º 25).

El convento de las benedictinas de San Plácido se comenzó en 1641 y se acabó en 1661. La fachada de la iglesia es muy sencilla, con un relieve escultórico que representa la Anunciación y se remata con una espadaña. El retablo principal es una anunciación de Claudio Coello y en su interior hay un Cristo yacente de Gregorio Fernández. A comienzos del siglo XX el convento fue objeto de restauración tan respetuosa, que se confunde con la iglesia.

El convento de las Calatravas no fue tan afortunado. Fray Lorenzo recibió el encargo en 1670 y en ocho años la obra quedó acabada. El convento fue demolido en el período revolucionario, en 1872, y parece ser que la iglesia se salvó por la intervención de la mujer del general Prim. Pero más lamentable es que, previamente, el exterior de la iglesia fue cubierto con una ornamentación neoplateresca, en la que se inventa el rosetón con la cruz de Calatrava, que en nada favorece el edificio. Esta reforma la hizo Juan de Madrazo y Kunt, a instancias de Francisco de Asís, esposo de Isabel II. En esta iglesia es la cúpula la que tiene el protagonismo, elevándose su silueta sobre el paisaje madrileño en el tramo inicial de la calle Alcalá. Presenta un tambor octogonal en el que se alternan ventanas abiertas y ventanas cegadas y una linterna calada que da al interior una gran luminosidad. El interior presenta una espléndida decoración barroca. La cúpula descansa sobre pechinas con frescos y el altar mayor es de **José Benito de Churriguera** (Madrid, 1665-1725), que lo realizó en la tercera década del siglo XVIII.

Y acabaremos el siglo XVII del Madrid arquitectónico con los hermanos Manuel y José del Olmo. Nacieron los dos en Pastrana, provincia de Guadalajara, Manuel en el año 1631 y José en el 1638. Lo más destacada que realizó Manuel fue la iglesia y el convento de las Mercedarias Descalzas, más comúnmente llamadas las Góngoras (c/ Luis de Góngora, n.º 5-7), llamada así porque tuvo como patrono a Juan de Góngora. Se encuentra en la calle Luis de Góngora, debido a un error municipal, al confundir al gran poeta con el fundador de este convento. Las obras se iniciaron en 1663, pero hasta 1669 no intervino Manuel del Olmo. Una reforma posterior en el siglo XVIII le dio una fachada neoclásica que hace que no llame una especial atención. La puerta está cegada y se accede por el convento, del que queda muy poco. Destaca la cúpula con una vistosa linterna.

Manuel del Olmo, con su hermano José, es el autor de la iglesia y del convento de las Comendadoras de Santiago (pl. de las Comendadoras, n.º 10). Como en las Góngoras, el interior tiene más interés que el exterior. Tiene planta de cruz griega, con los brazos iguales acabados en ábsides, lo cual no se nota en el exterior. El altar mayor tiene un cuadro de Lucas Giordano que representa la batalla de Clavijo. La fachada es relativamente sencilla y no tiene una buena visibilidad. Presenta un cuerpo central, con una nártex muy similar al de la Encarnación, con tres puertas con arcos de medio punto, la del centro un poco más alta. Esta recorrido por dos pilastras dóricas y se remata con una hornacina con una estatua de Santiago el Mayor. Presenta dos torres rematadas por chapiteles. Ambos conventos fueron remodelados por Francesco Sabatini en la centuria siguiente.

Siglo XVIII[7]

El siglo XVIII es, sin duda, el siglo de oro de la arquitectura madrileña. En él aparecen las figuras de Pedro de Ribera, Giovanni Battista Sacchetti, Buenaventura Rodríguez, Francesco Sabatini y Juan de Villanueva, aparte de otros arquitectos secundarios que comentaremos en este capítulo. También es el siglo de la fundación de la Real Academia de Bellas Artes de San Fernando, de suma importancia en la formación de los arquitectos[8], hasta la creación de la Escuela Superior de Arquitectura en el siglo XIX.

Como es sabido, al comenzar el siglo XVIII tiene lugar en España un cambio de dinastía. Carlos II, el

7 Para no cansar al lector con citas, aclaro que la fuente básica de este capítulo, salvo el principio, dedicado a Pedro de Ribera, y el final, dedicado a Villanueva, es el fascículo de Historia 16 de José Luis Sancho Gaspar titulado *Arquitectura barroca cortesana* (1991).

8 Pedro Moleón Gavilanes mantiene que la Academia de San Fernando otorgaba títulos y controlaba la arquitectura subvencionada por el estado, pero que los arquitectos se formaban como ayudantes de arquitectos reputados (1991: 9).

último rey de la casa de Austria, como resultado de varias generaciones de imprudente consanguinidad, era un individuo disminuido física y mentalmente y, como todo el mundo esperaba, no tuvo descendencia. Murió en el año 1700, después de haber hecho testamento en favor de Felipe de Anjou, bisnieto de su padre Felipe IV y nieto de Luis XIV de Francia. Felipe IV había casado a su hija María Teresa con el Rey Sol, cuyo hijo, Luis de Francia, era el padre de Felipe V. Pero el Reino Unido, el Sacro Imperio Romano Germánico y las Provincias Unidas de los Países Bajos no aceptan esta sucesión por miedo a un excesivo poder de los Borbones en Europa. En el 1701 firman el Tratado de La Haya, al que después se unirá Portugal, en el que proponen como candidato a Carlos de Habsburgo, hijo del emperador Leopoldo I, cuya madre era hija de Felipe III de España. En 1702 comienza una guerra de las potencias del Tratado contra Francia, que a partir de 1705 pasará a ser guerra civil en España, cuando los reinos de la Corona de Aragón se decanten por Carlos de Habsburgo. La guerra termina en 1714, después de los tratados de Utrecht y Rasttat, mediante los cuales España tuvo que entregar Gibraltar y Menorca al Reino Unido, Bélgica, Milán, Nápoles y Cerdeña a Austria y Sicilia al Ducado de Saboya. Poco después, en 1720, el emperador de Austria intercambiaría con el duque de Saboya Cerdeña por Sicilia, que con el tiempo formaría con Nápoles el Reino de las Dos Sicilias.

Felipe V se casó con María Luisa de Saboya, hija de Víctor Manuel II de Saboya, con la que tuvo cuatro hijos, entre otros, los futuros Luis I y Fernando VI. Murió cuando este último tenía cinco meses, y el rey se casó en segundas nupcias con Isabel de Farnesio, que se desentendió de sus hijastros. Isabel fue una reina intrigante, que influyó mucho en los asuntos del reino. Hizo lo posible y lo imposible para recuperar las posesiones en Italia que España había perdido en los tratados de Utrecht y Rastatt, y en parte lo consiguió. Nunca volvieron a la Corona de España, pero en el año 1729 consiguió para su hijo Carlos, el futuro Carlos III de España, los ducados de Parma y Plasencia. Y en 1733 España ocupó Nápoles y Sicilia y su hijo Carlos fue reconocido como rey de estos reinos, renunciando a los ducados citados. Y en 1748, reinando ya en España Fernando VI, consiguió para su hijo Felipe los ducados a los que había renunciado su hermano mayor. Todo esto lo comentamos, porque está relacionado con la arquitectura.

Todos los historiadores coinciden en la locura de Felipe V y de Fernando VI, pero de los libros de arquitectura se deduce que se ocuparon de ella muy personalmente. Felipe V llamó a arquitectos franceses e italianos para introducir el barroco clasicista en

Madrid y en los sitios reales, acabando con el barroco español en la corte, que le parecía una arte propio de los Austrias, arte que continuó en otras zonas de España. Pero a pesar de ello, es en la primera mitad de su reinado cuando la arquitectura barroca española llega en Madrid a su máximo esplendor y exuberancia de la mano de Pedro de Ribera.

Pedro de Ribera Pérez nació en Madrid en el año 1681 en la calle del Oso, en el castizo barrio de Lavapiés, donde vivió toda su vida. Su padre, Juan Félix de Ribera, era maestro ensamblador de retablos. El ambiente familiar es ya propicio, pues ya hemos visto en el capítulo anterior que algunos arquitectos se iniciaron en este arte. Su formación se ve completada por el maestro de obras **Felipe Sánchez**[9] (Zaragoza, ¿?-Madrid, 1712), amigo de su padre, ambos aragoneses. Posteriormente se forma con **Teodoro Ardemans**[10] (Madrid, 1661-1726), que era maestro mayor de obras municipales y de fuentes, y con José de Churriguera, que hemos citado en el capítulo anterior como autor del altar mayor de la iglesia de las Calatravas. Puede ser considerado el máximo representante del churriguerismo en Madrid, si tenemos en cuenta que de

9 Autor de diseños para el templo de Nuestra Señora del Pilar de Zaragoza.

10 Es autor de la Casa de Corredor del Duque del Infantado, Pastrana y Lerma (c/ Redondilla, n.º 13 / c/ Mancebos, n.º 9).

Churriguera, en la capital, queda muy poco. En 1702 contrajo matrimonio con Juana Verdugo Díaz, con la que tuvo dos hijos. En 1709 se muere Juana y contrae matrimonio con otra Juana, de apellidos Ursula Vorturie. Pero el matrimonio con esta segunda Juana fue más ventajoso económicamente, lo que le permite saldar ciertas deudas y adquirir una buena biblioteca. Con ella tendrá tres hijos. En la guerra de sucesión le vemos en la frontera portuguesa, montando tiendas de madera para las caballerías.

Su vida y su obra están indisolublemente ligadas a la figura de don Francisco Antonio Salcedo de Aguirre, marqués de Vadillo desde 1712 y corregidor de Madrid desde 1715. Había sido corregidor en otras ciudades españolas y en todas demostró una gran sensibilidad hacia los desheredados de la fortuna y un gran interés por los temas urbanísticos. Como máximo responsable de las obras municipales encargó las obras a Pedro de Ribera. Las más importantes fueron, en orden cronológico, el cuartel del Conde-Duque, la ermita de la Virgen del Puerto, el puente de Toledo y la ampliación del Hospicio del Ave María y de San Fernando, actualmente Museo Municipal de Historia de Madrid.

En 1717 Ribera recibe el encargo de construir el cuartel del Conde-Duque (c/ Conde-Duque, n.º 9) para albergar la Guardia de Corps, cuerpo militar creado por Felipe V al modo francés que actualmente es sede de diferentes instituciones culturales. Es de grandes dimensiones, pero lo único que tiene interés artístico del exterior es la puerta, que tiene el sello originalísimo del artista. A ambos lados de la puerta, algo adelantadas respecto al plano de la fachada, hay dos semicolumnas fajadas sobre cuyos capiteles hay una ornamentación que podrían ser pebeteros. Sobre el dosel de la puerta hay unas guirnaldas, y sobre estas una rueda con radios, medio tapada con una ornamentación con una inscripción alusiva al rey Felipe V y al año de construcción del edificio. Esta rueda presenta una cabeza humana en el extremo superior. Sobre ella hay una cornisa en forma de ángulo, encima está el escudo de España y sobre él hay como una especie de frontón. En un plano más próximo a la fachada hay otras dos semicolumnas fajadas que llegan hasta el frontón superior que están medio tapadas por otra ornamentación superpuesta, que desaparece al acabarse la puerta.

En 1718 inicia la construcción de la ermita de la Virgen del Puerto (p.º de la Virgen del Puerto, s/n), que fue financiada por el propio marqués de Vadillo para disponer en ella su túmulo funerario. Es un edificio aislado, de pequeñas dimensiones, con muy buena visibilidad en todas sus fachadas. Es de cruz griega, con una cúpula octogonal, enfundada en un airoso chapitel. Las torres, de escasa altura, rematadas por chapiteles, no están alineadas ni con la fachada principal ni con las laterales, sino que sobresalen de todas ellas. La fachada es más sencilla de lo habitual en Ribera, pero presenta dos óculos muy característicos de su arquitectura. Fue destruida en parte en la Guerra Civil, pero fue cuidadosamente restaurada en los años cincuenta.

El 1719 Ribera inicia la construcción de puente de Toledo, en el mismo sitio donde había otro, que había sido destruido por las crecidas del Manzanares. El puente de Ribera es más resistente y además de una gran calidad artística. Consta de nueve arcos de medio punto separados por sólidos contrafuertes rematados por balcones. En el centro hay dos templetes, uno dedicado a san Isidro y otro a santa María de la Cabeza, y en el extremo de Madrid hay dos fuentes. El puente se acabó en 1732 y con él Ribera hizo más verdad que nunca les versos de Góngora que dicen:

> Duélete de esa puente, Manzanares,
> mira que dice por ahí la gente.
> Que no eres río para tanta puente
> y que ella es puente para muchos mares.
>
> (Soneto 101; Góngora, 1985: 167)

En 1721 inicia la ampliación y transformación del Hospicio del Ave María y San Fernando, actualmente

Museo de Historia de Madrid (c/ Fuencarral, n.º 78). El edificio, comenzado en 1670, albergaba a pobres y mendigos, pero tenía escasa capacidad y fue el propio Francisco Antonio quien aportó fondos para su ampliación. Ribera añadió dos crujías al edificio y realizó la fachada, que es la obra que le dio más celebridad y también la que le valió más críticas.

Toda la fachada tiene valor artístico, con puertas laterales con almohadillado y abundancia de escudos, pero nuestra atención se ve absorbida por la puerta principal, que se lleva todo el protagonismo. Es la culminación del barroco castizo español y, como en la fachada del cuartel del Conde-Duque, también recurre a ornamentaciones superpuestas. A ambos lados de la puerta hay como unos cortinajes que parece que se acaban de abrir para mostrárnosla. La puerta, provista de gran ornamentación, presenta a ambos lados estípites en cuyos capiteles aparecen dos cabezas de niños, y sobre ellos, un capitel jónico. En los ángulos superiores presenta sendas aberturas trilobuladas. Sobre la puerta hay un escudo de España rematado por una corona y a ambos lados hay óculos. Sobre el escudo hay una imagen de la Virgen y encima de esta una hornacina con una imagen de san Fernando, con dos óculos a ambos lados ocultos en parte por cortinaje detrás de lo que nos parecen sendos pebeteros. Sobre el santo hay otro óculo, detrás también de un pebetero.

La fachada se remata con un frontón curvo con dos interrupciones que lo dividen en una porción central y otras dos laterales.

Posteriormente le pusieron dos añadidos al edificio, que no sé si se les puede llamar torres, que en nada favorecen su estética. Y sugerimos al Ayuntamiento de Madrid que cambie el nombre de la estación de metro Tribunal, que no alude ni a la calle ni a ningún nombre propio, sino a un edificio de menos categoría, por el de Pedro de Ribera, en homenaje al insigne arquitecto.

El 1724 Pedro de Ribera enviudó por segunda vez y volvió a contraer matrimonio con una mujer de origen más humilde, con quien tuvo tres hijos. En 1726 murió Teodoro Ardemans y Pedro le sustituyó en el cargo de maestro mayor de obras y fuentes de Madrid. La única fuente que se conserva del arquitecto es la fuente de la Fama, situada actualmente a la izquierda del hospicio, sin acceso directo desde la calle. El 1729 murió don Francisco Antonio, pero contó con la confianza de los sucesivos corregidores.

Hacia 1735 se le encargó modificar la iglesia del convento de San Hermenegildo, de carmelitas descalzos, fundado en el siglo XVI y situado en la calle de Alcalá. La construcción se acabó después de la muerte Ribera, en 1748. A consecuencia de la desamortización, el convento fue demolido en el año 1836 y en la actualidad hay un banco en su lugar. Solo queda la fachada de la iglesia, que pasó a ser la parroquia de San José (c/ Alcalá, n.º 43). A comienzos del siglo xx estuvo a punto de desaparecer con las obras de la Gran Vía.

La fachada de la iglesia presenta unas características muy riberianas, como son los óculos y las semicolumnas fajadas a ambos lados de la puerta y otras que recorren toda la fachada. Fue objeto de una intervención del arquitecto **Juan Moya Idígoras**[11] (Madrid, 1867-1953), a nuestro parecer afortunada, consistente en aumentar la altura de los cuerpos laterales y poner un nuevo remate en el central, de manera que la fachada tenga la misma altura que los edificios laterales. También amplió el cuerpo lateral derecho con un añadido que forma un ángulo recto con la fachada, que altera la simetría pero que la alinea con la del banco.

También son de Ribera el palacio del Marqués de Torrecilla (c/ Alcalá, n.º 1), de 1731; el palacio de Miraflores (c/ Carrera de San Jerónimo, n.º 15), de 1732, el palacio de Santoña (c/ de las Huertas, n.º 13), de 1735; y el palacio del Marqués de Perales (c/ Magdalena, n.º 12). Todos ellos presentan una moldura en la puerta, como las de la Casa de la Villa. Es suya también la única torre de la iglesia de Montserrat, que

11 Autor del palacio Albéniz de Barcelona.

se ve muy diferente del resto de la fachada, más sobria. Está rematada por un chapitel en forma de urna. También intervino en la iglesia de San Martín (c/ Luna, n.º 2) y muy probablemente en la de San Millán y San Cayetano (c/ Embajadores, n.º 15), pero es posible que sus intervenciones sean muchas más.

Pedro de Ribera murió en 1742. Había hecho una fortuna y había alcanzado un gran prestigio. Nunca gozó del favor real, pero gracias a los corregidores dominó plenamente la arquitectura madrileña el primer tercio del siglo xviii. A partir de su muerte su estilo barroco castizo fue desterrado de Madrid, donde se impuso el barroco clasicista de influencia italiana y francesa.

Está enterrado en la parroquia de San Millán y San Cayetano, a la derecha de la puerta principal de la iglesia, cuya fachada lateral da a la calle del Oso, donde había nacido.

A consecuencia del incendio del Alcázar de Madrid en el año 1735, Felipo V llamó a Juvara, que era el profesional más famoso de ese momento, para construir un nuevo palacio. **Filippo Juvara** era siciliano, de Mesina, la ciudad del estrecho y de los terremotos. Nació en el año 1678, cuando Sicilia todavía formaba parte de la Corona española. Su padre Pietro y su hermano mayor Francesco eran orfebres, por lo que Filippo, como tantos arquitectos, se educó en un ambiente artístico. Su primera intervención tuvo lugar en su ciudad natal, en 1701, en el diseño de la escenografía efímera para celebrar la coronación de Felipe V, que sería su último y fallido cliente. En 1704 fue a Roma, donde completó su formación artística e hizo estudios eclesiásticos. Ya hemos comentado que después de los tratados de Utrecht y Rastatt Sicilia dejó de formar parte de la Corona española y pasó a depender del Ducado de Saboya. El duque Víctor Amadeo II, después de contactar con Juvara en 1714 en Mesina, se lo llevó a Turín, donde pasó unos veinte años y donde realizó la mayor parte de su obra. Después de haber trabajado en unas cuantas ciudades europeas, el 1735 vino a España desde Lisboa.

Juvara nada más llegar se apresuró a hacer los planos y en seguida los tuvo a punto. Entre sus ayudantes se encontraba un jovencísimo Ventura Rodríguez. Pero el palacio diseñado era grandioso, mucho más extenso del que tenía previsto el rey, y probablemente superaba las posibilidades económicas del estado. Tenía tres pisos y cuatro grandes patios, y entre los dos principales se situaban la iglesia y la biblioteca. Juvara pensaba que estaba en juego su prestigio e intentó convencer a Felipe V de que era el palacio que merecía la monarquía borbónica, que, aunque había perdido sus posesiones europeas, todavía conservaba un vasto imperio ultramarino. El rey mandó hacer una maqueta de madera, que se perdió, pero contamos con planos detallados (Gritella, 1992: 439-463).

Pero Juvara se murió en La Granja, cuando no hacía un año que estaba en España. No sabemos si hubiera convencido a Felipe V de llevar a cabo sus planes. Y aunque no llegó a ejecutarse ninguno de sus proyectos, su influencia fue grande. También tuvo tiempo de diseñar los planos del palacio de La Granja, muy emparentado con el Palacio Real.

A la muerte de Juvara, Felipe V llamó a Juan Bautista Sacchetti, que había sido ayudante de Juvara en Turín, para realizar el Palacio Real, y en el 1737 ya estaba en España. En el ínterin Pedro de Ribera le llevó una propuesta que, como era de esperar, fue rotundamente rechazada.

Juan Bautista Sacchetti nació en Turín en el año 1690. Su padre era orfebre, como el de su maestro Juvara, a quien había ayudado en el diseño de varios edificios. Cuando llegó a España castellanizó su apellido de diferentes maneras, pero nunca llegó a dominar la lengua española.

Empezó a trabajar con la misma diligencia que su maestro, de manera que en 1737 tenía listos planos y en abril de 1738 se puso la primera piedra. Pero demostró más sentido práctico que el clérigo mesinés, quizá porque no estaba tan celoso de su prestigio. Se ajustó al solar que le había asignado el rey, los cuatro patios se convirtieron en uno, y lo que se perdió en superficie se ganó en altura, porque añadió más pisos al proyecto de Juvara. Compartimos la opinión de Sancho Gaspar de que el arquitecto turinés salió muy airoso de la prueba (1991: 11). Mantiene la estética berninesca, con zócalo almohadillado y columnas jónicas en el centro y los extremos de las fachadas y pilastras dóricas en las partes intermedias. La fachada principal se corona con un rectángulo, muy similar al del palacio de La Granja, que también Sacchetti llevó a la práctica siguiendo los planos de su maestro. Y aunque el edificio no es tan grandioso como el proyectado por su maestro, es uno de los palacios reales más grandes de Europa.

Pero el proyecto de Sacchetti recibió duras críticas que se fraguaron en el entorno artístico del rey Carlos VII de Nápoles, fututo Carlos III de España, dominado por Vanvitelli. Este arquitecto estaba construyendo el palacio de Caserta, uno de los palacios reales más grandes de Europa, en las proximidades de Nápoles. Al proyecto de Sacchetti se le reprochó, entre otras cosas, el grosor de los muros, que disminuían el espacio habitable, y el tamaño reducido del patio. A estas críticas de sumaron el marqués de Scotti, secretario de la reina Isabel de Farnesio, y Giacomo Bonavia (Piacenza, 1695-Aranjuez, 1759), pintor y arquitecto, que hacia 1728 había venido a España llamado por el marqués de Scotti y que Felipe V había nombrado arquitecto director de las obras del palacio de Aranjuez. En Madrid realizó la iglesia de los Santos Justo y Pastor, hoy parroquia de San Miguel (c/ San Justo, n.º 4). La iglesia es sumamente original, con una fachada convexa que nos recuerda a la iglesia de la Peregrina de Pontevedra, unas décadas posterior.

Felipe V murió en el año 1746. Hacía cuatro años que había muerto Pedro de Ribera y ocho que se habían iniciado las obras del Palacio Real. El nuevo estilo arquitectónico se había impuesto en Madrid y en los sitios reales. Le sucedió Fernando VI, hijo de Felipe y de María Luisa de Saboya, primera mujer de Felipe V, que, como hemos dicho antes, había muerto cuando Fernando no había cumplido un año.

El nuevo rey prescindió completamente de las críticas napolitanas y favoreció a Sacchetti y a su lugarteniente en el Palacio Real, Ventura Rodríguez, pero este último fue su favorito, pues Sacchetti tenía escasas habilidades sociales y porque, como hemos dicho antes, nunca llegó a dominar la lengua castellana. Y para acabar con las críticas arquitectónicas, desterró a su madrastra a La Granja y a Bonavía a Aranjuez. Isabel protestó, pero Fernando le contestó que el rey era él y que su opinión, simplemente, no había sido consultada. Pero Isabel, cuando estaba en La Granja, adquirió el Coto de Riofrío, a unos nueve quilómetros de La Granja, para crear un nuevo sitio, del que sería dueña absoluta. En este sitio solo se llegó a construir el palacio, denominado de Riofrío, en el que se materializaron las críticas de Scotti al Palacio Real, pues, entre otras diferencias, los muros no son tan gruesos y el patio es más amplio. Es obra de otro italiano, colaborador de Bonavía, Vigilio Rabaglio (Gandria, Suiza, 1711-Gandria, 1800). Bonavía, en Aranjuez, continuó con las obras del palacio hasta su muerte en 1759. También construyó la iglesia de San Antonio, de forma circular, en nuestra opinión muy afortunada, y perfectamente insertada en los soportales de las herrerianas casas de los oficios.

Y en el reinado de Fernando VI, en al año 1752, se fundó a Real Academia de Bellas Artes de San Fernando. Es difícil saber quiénes fueron sus directores, porque los datos son contradictorios, pero en ella se sentaron todos los arquitectos que citamos en este libro, por lo menos hasta la fundación de la Escuela de Arquitectura en el 1844. Tuvo varias sedes, pero actualmente ocupa el número 13 de la calle Alcalá. La fachada es de **Diego de Villanueva** (Madrid, 1713-1774), del año 1774, restaurada en el siglo xx por **Fernando Chueca Goitia** (Madrid, 1911-2004). Actualmente, contiene un valioso museo de pintura.

Buenaventura Rodríguez Tizón nació en Ciempozuelos, provincia de Madrid, en 1717. Su padre,

Manuel Rodríguez, era maestro de obras y construyó la ermita de Nuestra Señora de la Salud de Borox, en la provincia de Toledo. Como la práctica totalidad de los arquitectos de su tiempo, se inició en la arquitectura en el ambiente familiar. Contrajo dos matrimonios, el segundo con María Micaela Cayón, hija del arquitecto gaditano Torcuato Cayón (Cádiz, 1725-San Fernando, Cádiz, 1783), autor de numerosos edificios en su provincia, entre otros, de la Casa Consistorial de San Fernando, de Cádiz. No consta que tuviera descendencia. Nunca estuvo en Italia, pero se movió siempre en la órbita del barroco clasicista italiano.

Entre 1749 y 1753 construyó la iglesia de San Marcos (c/ San Leonardo, n.º 10). Fernando VI impuso el derribo de un viejo oratorio dedicado a este santo para conmemorar la batalla de Almansa, acaecida el día de San Marcos del año 1707, en la que su padre Felipe V venció al archiduque Carlos de Habsburgo, apoderándose así del Reino de Valencia. Su fachada es sumamente original y, según Chueca Goitia, está claramente inspirada en la de San Andrea del Quirinal de Bernini (Nápoles, 1598-Roma, 1680). Presenta un cuerpo central mucho más elevado que los laterales, acabado en un frontón y recorrido en toda su altura por dos pilastras con capitel compuesto jónico corintio. Los cuerpos laterales se curvan en sus extremos, de manera que la fachada resulta cóncava.

Cada uno de ellos presenta tres hendiduras acanaladas a modo de pilastras. El interior está estructurado mediante elipses dispuestas transversalmente al eje de la iglesia, salvo la cúpula, que es longitudinal. Las pilastras del interior presentan capiteles similares a los de la fachada, pero con una cabeza de león, que es el símbolo del santo. En el 1755 reformó el interior de la iglesia del convento de la Encarnación con pilastras compuestas y bóvedas con casetones hexagonales. En el Palacio Real se encargó especialmente de la capilla y es posible su intervención en los palacios de Liria (c/ Princesa, n.º 20) y de Altamira (c/ Flor Alta, n.º 8).

En este reinado hay que destacar la presencia del arquitecto francés **Francisco Antonio Carlier** (París, 1707-Bayona, 1760), autor de las Salesas Reales. Francisco se formó como ayudante de su padre René Carlier, cuando este trabajaba en el palacio de La Granja, pero se murió cuando su hijo tenía catorce años. Felipe V le concedió una beca para concluir sus estudios en París y cuando volvió en 1734 fue nombrado arquitecto real, ocupándose sobre todo de las obras de El Pardo.

El monasterio y la iglesia de las Salesas Reales se construyeron por iniciativa de doña Bárbara de Braganza, esposa de Fernando VI. Estuvo pensado para la educación de las jóvenes de la aristocracia, pero también como un palacio de retiro para su previsible viudez, precaviéndose de su poco amada suegrastra, que, como hemos comentado, con igual susceptibilidad, se estaba construyendo el palacio de Riofrío, en la provincia de Segovia. Pero la viudez nunca llegó, porque la reina se murió en 1758, un año antes que su marido.

La primera piedra se puso en el año 1750 y se terminó en el año 1757. Pero Francisco Carlier se fue a Parma, a trabajar para don Felipe, hermano de Carlos III, a quien había sucedido en los ducados de Parma, Piacenza y Guastalla, y las obras las dirigió **Francisco Moradillo**[12] (Madrid, 1720-1784). El monasterio fue desamortizado en el siglo xix y transformado en palacio de justicia por obra del arquitecto **Ruiz de Salces**[13] (Fresno del Río, 1820-Madrid, 1899); solo se conserva el alzado original en la fachada que da a la calle Castaños. El edificio mantiene una cierta categoría arquitectónica y actualmente está ocupado por el Tribunal Constitucional. La iglesia, en cambio, subsiste en todo su esplendor y, según todos los críticos, es un compendio de influencias italianas y francesas. La fachada, originalísima, presenta un nártex de dos pisos unidos por un orden gigante a base de pilastras corintias. En el primer piso hay dos bajorrelieves con

12 Autor de la Puerta de Hierro, situada en la carretera de La Coruña.
13 Autor del palacio de la Infanta de Borbón (c/ Quintana, n.º 7).

ángeles y en el segundo hay dos hornacinas con estatuas, dos pebeteros en los vanos y un medallón central que representa la Visitación, obra de Gian Domenico Olivieri, lo mismo que los grupos escultóricos del primer piso. La fachada se corona con un frontón sobre un rectángulo y también presenta dos pequeñas torres que no estaban en los planos de Carlier, sino que fueron idea de Moradillo.

Fernando VI murió en 1759 y fue enterrado en las Salesas Reales, en un mausoleo diseñado por Francesco Sabatini. Le sucedió su hermano de padre, Carlos III, primogénito de Isabel de Farnesio, que había sido hasta entonces rey de Nápoles y Sicilia. Está considerado como el rey urbanista por excelencia. Pero con él volvieron las críticas a Sacchetti y el cuestionamiento del Palacio Real. El mismo día que entró en Madrid cesó a Ventura Rodríguez y a Sacchetti y los sustituyó por su estimadísimo Francesco Sabatini. Le nombró maestro mayor de las obras reales, con rango de teniente coronel del cuerpo de ingenieros, a la vez que se le designaba como académico honorífico de la Real Academia de Bellas Artes de San Fernando.

Sacchetti vivió jubilado cuatro años más, en los que tuvo que ver las modificaciones que hizo Sabatini en el Palacio Real, no todas afortunadas. Pero Rodríguez tenía otros títulos que le permitían intervenir por toda España. De los arquitectos que trabajaron en Madrid en el siglo XVIII quizá sea el que más se prodigó fuera de la corte. Cabe destacar la Academia de Cirugía de Barcelona, la fachada de la catedral de Pamplona, la Casa Consistorial de Haro, los Agustinos de Valladolid y la iglesia de Arenas de San Pedro. También intervino en el Pilar de Zaragoza, en la catedral de Cuenca, en la de Jaén, en la iglesia de San Sebastián de Azpeitia y en la Colegiata de Santa Fe. Para el infante Luis[14] realizó el palacio de Boadilla del Monte.

En 1766, como consecuencia del motín de Esquilache y el exilio de este, declinó la estrella italiana en Madrid, y Sabatini estuvo a punto de volverse a Italia, pero finalmente no se fue. Ventura Rodríguez fue rehabilitado y a partir de esta fecha diseñó las fuentes de la Cibeles, la de Neptuno, la de Apolo y las cuatro del Museo del Prado. Las esculturas, lógicamente, no son de su ejecución.

Ventura Rodríguez murió en Madrid en el año 1785 y está enterrado en la capilla de los Arquitectos de la iglesia de San Sebastián (c/ Atocha, n.º 39), remodelada por él mismo.

Francesco Sabatini nació en Palermo en el año 1721. Se formó como arquitecto en la Academia di San Lucca, de Roma, y sus primeros contactos con la

14 Luis Antonio Jaime de Borbón y Farnesio, sexto y último hijo de Felipe V e Isabel de Farnesio.

monarquía borbónica se produjeron a partir de Luigi Vanvitelli (Nápoles, 1700-Caserta, 1773), con quien colaboró en el palacio de Caserta, en Nápoles, destinado al rey. Vanvitelli hubiera querido venir a España, pero Carlos III prefirió a Sabatini. Y para mayor inri, Sabatini le pidió desde Madrid a su hija María Cecilia por esposa, que entonces tenía quince años, y Vanvitelli se la concedió. Con ella tuvo dos hijos y dos hijas.

En Madrid lo primero que hace es la Puerta de Alcalá, entre los años 1764 y 1778, para conmemorar la entrada en la capital de Carlos III por el este. Es una obra de gran categoría arquitectónica y Chueca Goitia dice que es el mejor arco de triunfo de la Europa moderna y que está inspirado en el Fontanone del Janículo de Roma, obra de Della Porta (Porlezza, 1532-Roma, 1602) y Fontana (Novazzano, h. 1534-Roma, 1714). También dice que no hace falta hacer el panegírico, ya que se lo hace ella a sí misma a la vista de todos.

Nosotros no haremos un panegírico, pero intentaremos una descripción. Consta de tres cuerpos, el primero, con un arco de medio punto y columnas jónicas, no está en el mismo plano que los laterales, sino un poco avanzado. Se remata con un rectángulo, que a su vez se remata con un frontón. Los cuerpos laterales, situados en un plano posterior, presentan pilastras también jónicas, un arco de medio punto de la misma altura que el del cuerpo central y un arco adintelado más bajo. Sobre los arcos de medio punto hay una cabeza de león y sobre los arcos adintelados hay decoración de guirnaldas. Entre las dos aberturas de los arcos de medio punto hay bóvedas casetonadas. Se corona con esculturas de Robert Michel y Francisco Gutiérrez.

En principio, el entorno es muy adecuado, ya que está en el centro de una plaza circular hecha para resaltar la puerta. En esta plaza hay un edificio de Secundino Zuazo y otro de José Grases Riera, de los que hablaremos después. No todos los monumentos de Madrid son tan afortunados. Según Pedro Navascués Palacio (1973), la plaza es una imitación de la plaza de la Estrella de París, aunque el proyecto original era más ambicioso[15]. Pero la Torre de Valencia (c/ O'Donnell, n.º 4 / c/ Menéndez y Pelayo, n.º 9), de 1970-1973, destrozó la vista desde la plaza de la Cibeles. Hay que ponerse de espaldas a la torre para tener una buena visión, lo cual ya es en sí un hecho lamentable. Pero más lamentable es si reparamos en el hecho de que, como nos hace ver Rodríguez Ariza (2022: 186), las dos fachadas no son iguales. En la parte que mira al exterior de la ciudad, es decir, a la

---

15 Según dicho autor, el urbanismo parisino siempre tuvo mucho eco en Madrid, pero las posibilidades económicas no eran las mismas.

desafortunada Torre de Valencia, hay una especie de almohadillado ausente en la otra fachada, y el frontón es curvo y está interrumpido por una escultura.

Posteriormente construyó la Puerta de San Vicente (gta. de San Vicente, s/n), mucho más sencilla, formada también por tres cuerpos, el del centro con un arco de medio punto y los laterales con arcos adintelados, y está rematada por un frontón triangular. Esta puerta fue desmontada en el año 1890 por la construcción de la estación del Príncipe Pío y en 1995 el Ayuntamiento de Madrid, demostrando una gran sensibilidad, construyó una réplica exacta, colocándola en su emplazamiento pero girada ciento ochenta grados, con los ornamentos de cara a la ciudad.

En 1766 Sabatini emprende la construcción de la Real Aduana (c/ Alcalá, n.º 5), de 1761-1769, actualmente Ministerio de Hacienda, en el lugar que ocupaban las Caballerizas Reales. Estas caballerizas fueron enviadas delante de la fachada norte del Palacio Real, y la Segunda República las convirtió en los jardines de Sabatini, obra de **Fernando García Mercadal** (Zaragoza, 1896-Madrid, 1985). Esta Real Aduana, a pesar de su calidad arquitectónica, puede pasar desapercibida, porque no es un edificio exento; es un palacio romano en la calle de Alcalá. Su fachada consta de un zócalo almohadillado, un primer piso con ventanas que alternan frontones triangulares con frontones curvos y un tercer piso con ventanas sin frontones. Se corona con un ático con ventanas separadas por ménsulas pareadas que soportan una potente cornisa. Como tantos edificios, presenta cabezas de león, una sobre cada puerta. Chueca Goitia dice que recuerda al Palazzo Farnese por la ausencia de órdenes, pues carece de columnas y de pilastras.

En el terreno de la arquitectura religiosa su intervención más importante es la que tuvo lugar en la iglesia de San Francisco el Grande (pl. de San Francisco, s/n) hacia 1768. Según Chueca Goitia, es una versión del Panteón de Roma, con los campaniles del Bernini incluidos. Se le atribuye solamente la fachada, pero Chueca Goitia lo pone en duda, porque el edificio le parece tan perfectamente trabado que solo puede haber salido de una mano. Sin embargo, otras fuentes (COAM, 1996) nos hablan de un tal Francisco Cabezas (Enguera, 1709-Enguera, 1773), que construyó el templo hasta la cornisa, y de Antonio Plo (Zaragoza, comienzos del s. XVIII), que no tenía el título de arquitecto pero que construyó la bóveda de gran tamaño. En el proyecto de Cabezas estaba previsto que la bóveda tuviese tambor, pero la Real Academia de San Fernando decidió suprimirlo y Plo construyó la cúpula directamente sobre la cornisa.

Ya hemos comentado hace unas líneas que Sabatini intervino también en el Palacio Real, no siempre con acierto, siguiendo el modelo del palacio napolitano de Caserta. Diseñó una nueva escalera de acceso, de gran calidad arquitectónica. Modificó la decoración escultórica y puso en los balcones balaustradas de hierro sencillas. Menos afortunadas fueron las ampliaciones. Añadió dos alas a la fachada sur, formando una *cour d'honneur*, y amplió el ángulo sureste, formando el ala de San Gil, con lo cual rompió la simetría de las fachada sur y este. A pesar de las diferencias, el palacio de La Granja puede darnos una idea de cómo sería la fachada de Sacchetti sin las reformas de Sabatini.

Sabatini también hizo otros edificios de menos importancia, como el palacio de Grimaldi, hoy Palacio del Secretario de Estado (pl. de la Marina Española, n.º 9), y el Hospital General, hoy Museo Reina Sofía (c/ Atocha, n.º 106). También diseñó los planos de la facultad de Medicina de San Carlos (c/ Santa Isabel, n.º 52), pero no se acabó hasta el 1831 por **Tiburcio Pérez Cuervo** (Oviedo, 1785-Madrid, 1841). Como tantos edificios madrileños, se corona con un rectángulo. Es suya también la puerta del Jardín Botánico que da al paseo del Prado. También remodeló los conventos de las Góngoras y de las Comendadoras de Santiago. En un terreno no estrictamente arquitectónico hay que señalar el diseño del sepulcro de Fernando VI, en el interior de las Salesas Reales, cuyas esculturas son de Francisco Gutiérrez. Fuera de

Madrid son de destacar la iglesia de San Pascual en Aranjuez y la Real Fábrica de Armas de Toledo.

Francesco Sabatini murió en su casa de Madrid el año 1797. Fue enterrado en la desparecida iglesia de San Martín, pero cuando esta fue destruida en 1806 se perdió la pista de sus restos.

En el reinado de Carlos III hay que citar al arquitecto francés Jaime Marquet, autor de la Real Casa de Correos (Puerta del Sol, n.º 7), de 1766 a 1768, hoy sede de la Presidencia de la Comunidad de Madrid.

Nació en París en el año 1710 y en dicha ciudad se formó como arquitecto. En el año 1750 debía de tener un cierto prestigio porque el duque de Alba, don Fernando de Silva y Álvarez de Toledo, que era embajador en Francia, se lo trajo a Madrid tras haber pactado con Fernando VI su incorporación a la corte. La Casa Real le fijo un elevado sueldo del que se benefició toda su vida. Se instaló en la calle de Alcalá con su mujer, también parisina, y los dos hijos del matrimonio. En el 1758 fue nombrado académico de la Academia de Bellas Artes de San Fernando y a la muerte de Giacomo Bonavía, acaecida el año 1759, le sucedió en el cargo de director de las obras de Aranjuez. Para el duque de Alba construyó el palacio de verano de Piedrahita, en la provincia de Ávila, cuya sobriedad contrasta con las construcciones del siglo.

El único edifico de Madrid que es obra suya es la Real Casa de Correos, hoy sede del Gobierno de la Comunidad Autónoma de Madrid. El proyecto aparece en el reinado de Fernando VI, que se lo encargó a Ventura Rodríguez para alojar los servicios de correos que habían empezado a funcionar en la cercana calle de Postas. Ventura Rodríguez procedió a la demolición de los edificios que había en su lugar, poniendo a punto el solar. Pero con la llegada de Carlos III el proyecto se aplazó y, cuando se recuperó en 1766, Carlos III, que ya había marginado a Rodríguez, encargó el proyecto a Jaime Marquet, que era entonces ayudante de Bonavía en los sitios reales.

El edificio presenta tres cuerpos y dos pisos. El cuerpo central es de piedra blanca y presenta almohadillado en el piso bajo. En el segundo piso presenta un balcón, cuyas ménsulas tienen una cabeza de león con argolla, con otra cabeza sobre la puerta principal, y en el balcón se abren tres puertas iguales con guirnaldas. Se remata con un frontón triangular. Los cuerpos laterales están hechos con ladrillo rojo, salvo el zócalo y las esquinas, que son redondeadas. Presentan tres niveles formados por la alternancia de paños de pared y ventanas en el primer piso y balcones en el segundo y el tercero. Con este edificio nos parece que el barroco clasicista empieza a dejar paso al neoclásico; pero sea una cosa o la otra, nos sorprende la ausencia total de órdenes, pues no hay en él ni columnas ni pilastras.

El edificio nos parece de una evidente calidad arquitectónica y preside eficazmente la Puerta del Sol, que, con la plaza Mayor, constituye los espacios urbanos más logrados de Madrid, lo cual no tiene nada de extraño, porque el resto de los edificios de la plaza se hicieron después y es evidente que se planificaron en función de este. Posteriormente se le añadió una cornisa con el reloj, que merma su estética pero aumenta la sensación de presidencia y permite dar les campanas de fin de año. Tiene una gran importancia histórica, porque desde su balcón se proclamó el 14 de abril de 1931 la Segunda República Española y durante la dictadura de Franco fue un centro de represión. Pero ni una cosa ni otra tienen nada que ver con su calidad arquitectónica.

Las intervenciones de Marquet en Madrid y en los sitios reales son incontables, y cabe destacar los teatros de El Escorial, Aranjuez y El Pardo. Murió el año 1782, al parecer de un accidente en su casa de la calle de Alcalá.

Cerraremos el siglo XVIII con otro gran arquitecto, Juan de Villanueva. Aunque se formó en Italia, su estilo se aparta de las influencias italiana y francesa y su principal influencia es El Escorial. Su estilo entronca más con la sobriedad de la centuria anterior que con los arquitectos del XVIII. Con él la arquitectura madrileña, y la española en general, entra en el neoclásico. Tuvo numerosos discípulos, que acabaron algunas de sus obras que dejó sin acabar. Pero vayamos por orden.

Juan de Villanueva y de Montes nació en Madrid en el año 1739. Hijo de Juan de Villanueva, escultor, y hermano paterno de Diego de Villanueva, que tenía veintiséis años cuando nació Juan. Diego era arquitecto de cierto prestigio, y ya lo hemos citado como el autor de la sede de la Real Academia de San Fernando, pero era sobre todo un gran teórico de la arquitectura, sobre la que escribió numerosos tratados. Juan fue uno de los primeros alumnos formados en la Academia, aunque de lo dicho anteriormente se deduce que el ambiente familiar fue decisivo en su formación.

Tras acabar sus estudios fue pensionado en Roma, donde le vemos en enero de 1759. En 1764, urgido por la enfermedad de su padre, regresa a Madrid, no sin antes visitar Nápoles, Pompeya, Herculano y Paestum. Entre 1766 y 1767, por indicación de **José de Hermosilla**[16] (Llerena, 1715-Leganés, 1776.), realizó un viaje a Andalucía con **Juan Pedro Arnal**[17] (Madrid, 1735-1805), para dibujar los monumentos árabes,

---

16 Es el autor de Colegio Anaya de Salamanca.
17 Construyó el palacio de Buenavista, hoy Cuartel General del Ejército de Tierra (c/ Alcalá, n.º 51 / pl. de Cibeles) y la Real Casa de Postas (pl. de Pontejos, n.º 3).

probablemente para sentar las bases de una arquitectura historicista que Villanueva nunca practicó y tardaría muchos años en practicarse.

Son incontables los nombramientos académicos y profesionales de Villanueva y para no cansar al lector no los citaremos todos. En 1767 fue nombrado académico de mérito de la Academia de San Fernando, y al año siguiente, arquitecto del monasterio de El Escorial, cargo que acepta con sumo agrado, ya que era un enamorado de dicho edificio. Terminó las Casas de los Oficios, creando un excelente entorno urbano al monasterio, muy acorde con su estilo. Y en el mismo El Escorial construyó en 1771 la Casita de Arriba para el infante don Gabriel, de corte paladiano[18], y en 1781 la Casita de Abajo o la del Príncipe para el futuro Carlos IV, con un pórtico tetrástilo con columnas jónicas de fuste acanalado. En El Pardo construyó la Casita del Príncipe, también para el futuro Carlos IV, y en los jardines de Aranjuez, un quiosco y un tholos, que ha perdido las estatuas que albergaba.

En 1785, por indicación de Carlos III, comienza el Museo del Prado, que estaba pensado inicialmente para ser un museo de ciencias naturales. El edificio, aun siendo claramente neoclásico, se diferencia en

18 Andrea Palladio fue un arquitecto nacido en Padua en 1508 y muerto en Vicenza en 1580.

muchos aspectos de los edificios de este estilo. Consta de dos módulos laterales cuadrados y un módulo central rectangular con un ábside. El módulo central se une a los extremos mediante dos galerías, a las cuales se añadieron otras dos paralelas, la primera en el 1921, construida por Fernando Arbós, y la segunda en 1953, construida por Chueca Goitia.

La entrada principal está formada por un pórtico hexástilo de columnas dóricas. Como muchos edificios madrileños, esta rematado por un rectángulo y no con un frontón triangular, como la mayoría de los edificios neoclásicos[19]. Este rectángulo contiene relieves de Ramón Barba y de Valeriano Salvatierra. Las galerías constan de dos pisos completamente diferentes. En el primero se alternan puertas acabadas en arcos de medio punto con hornacinas rectangulares con estatuas, separadas del segundo piso por un medallón. Este segundo piso presenta balcones muy próximos unos a otros, separados por columnas jónicas. Los módulos laterales presentan puertas orientadas perpendicularmente al eje longitudinal del edificio y por lo tanto a la puerta principal. La entrada del módulo norte presenta cuatro columnas jónicas y se accede

19 La Universidad de Santiago de Compostela, de la misma época, presenta también un rectángulo, pero es el resultado de una desafortunada remodelación, porque inicialmente tenía frontón.

a ella por una escalera hecha por **Pedro Muguruza**[20] (Elgoibar, 1893-Madrid, 1952) en los años cuarenta del siglo pasado, que sustituye la que construyó Francisco Jareño en los años treinta del siglo XIX, que sustituyó una rampa de acceso que salvaba un desnivel. La puerta sur, que mira al Jardín Botánico, está, como la principal, al nivel de la calle. Encima de la puerta hay una galería precedida de seis columnas corintias.

El edificio fue utilizado como cuartel por las tropas napoleónicas, con el consiguiente deterioro, y fue acabado después de la muerte de Juan de Villanueva. Isabel de Braganza, la primera mujer de Fernando VII, fue quien tuvo la idea de dedicar el edificio a museo de pintura. La reina murió en 1818, un año antes de su inauguración, en 1819.

Al lado del museo, de acuerdo con el proyecto inicial, se encuentra el Jardín Botánico. La puerta que da al paseo del Prado es de Sabatini, como ya indicamos en su momento, pero la que da al museo es de Villanueva. Tiene forma rectangular, con una puerta también rectangular, con cuatro columnas dóricas, dos del lado de la calle y dos del lado del jardín. A ambos lados hay dos arcos de medio punto y se remata también con un rectángulo. También es de Villanueva el pabellón invernadero del Jardín Botánico.

20 Autor del Palacio de la Prensa (pl. del Callao, n.º 4), de 1924.

Carlos III murió en el año 1788, según Chueca Goitia, antes de lo que sería de desear, ya que, como hemos dicho antes, fue el rey que más se preocupó de Madrid. Le sucedió su hijo Carlos IV, que se preocupó menos de la arquitectura, lo que no fue la mayor de sus limitaciones.

El otro gran edificio de Villanueva en Madrid es el Observatorio Astronómico, situado en el cerro de San Blas, denominado así por una ermita dedicada a este santo, que se destruyó para construirlo. Fue iniciativa de Carlos III, pero se comenzó su construcción en 1790, en el reinado de Carlos IV. Es un edificio de gran categoría artística y sería más conocido si tuviera otra ubicación, porque no está de paso a ningún sitio, y es, sin duda, el edificio más paladiano de España (Beltramini y Burns, 2009: 278-283; Moleón Gavilanes, 1991: 28).

El edificio tiene forma de cruz griega, con los brazos ligeramente desiguales. El cuerpo central es el brazo corto. Presenta una fachada con un pórtico con ocho columnas corintias, seis frontales y dos laterales. Los cuerpos laterales presentan arcos de medio punto, algunos ciegos y otros ocupados por puertas o ventanas. El edificio se corona con un espléndido tholos rodeado de columnas jónicas, con cuatro cupulines en los vértices. Los de la fachada norte fueren añadidos por Colomer.

Desde el punto de vista urbanístico, la obra más importante de Juan de Villanueva es la remodelación de la plaza Mayor de Madrid después del incendio de 1790. Regularizó la plaza, disminuyendo la altura de los edificios para igualarlos a la Casa de la Panadería, cerrando las calles pero dejando arcos para no interrumpir el paso, y creando en la Casa de la Carnicería una imagen similar a la de la Panadería. A partir de entonces sustituirá como modelo a la de Valladolid. Lamentablemente, en tiempos de Isabel II se alteró el sentido de la plaza, colocando una estatua de Felipe III, que estaba en los jardines de la Real Casa de Campo. Las obras duraron hasta 1854, dirigidas por sus discípulos Antonio López y Custodio Moreno.

La plaza Mayor de Madrid es uno de los espacios urbanos más logrados de toda España. A pesar de las reformas, se reconoce sin esfuerzo la plaza de Gómez de la Mora (Navascués Palacio, 1991: 22-26), y esta presencia del pasado le da una cierta alegría que no tienen otras plazas neoclásicas de nueva planta, como las de Vitoria, Bilbao u Ocaña. Contrariamente a la mayoría de las plazas mayores, no está presidida por la casa consistorial, sino por la Casa de la Panadería, llamada así porque servía para almacén de harina y trigo, como ya hemos comentado en el capítulo del siglo XVI. Lo mismo que la Casa de la Carnicería, se diferencia del resto de la plaza por sus chapiteles y por descansar sobre arcos de medio punto, mientras que el resto de la plaza descansa sobre arcos adintelados. Pero se diferencia de ella por sus magníficos frescos, las espléndidas cornisas de sus balcones y por el escudo que hay en el centro. Y hay que añadir que la plaza Mayor de Madrid goza del escaso privilegio de haber mejorado durante el franquismo, porque a finales de los sesenta del siglo pasado, cuando se hizo el aparcamiento subterráneo, suprimieron la circulación y la vegetación. Lástima que no se haya quitado el monumento a Felipe III, que impide la visión de la plaza, y que, por otra parte, no es un rey que merezca ser homenajeado y al que Madrid le debe haber perdido un lustro de capitalidad.

El resto de los edificios de Villanueva en Madrid son de menor categoría. Por iniciativa de Carlos III, construyó la iglesia del Caballero de Gracia, cuya sobria fachada es de su discípulo **Custodio Moreno** (Estremera, 1780-Madrid, 1854). En su interior presenta columnas corintias, bóvedas casetonadas con lunetos y una cúpula de gran tamaño, de forma elipsoidal. Es de agradecer que no desapareciese cuando se hizo la Gran Vía. También realizó la galería de columnas de la fachada de la Casa de la Villa que da a la calle Mayor. Es autor también de la Academia de la Historia y probablemente del anexo al Ministerio de Educación.

Como la mayoría de los arquitectos que trabajaron en la capital, también tiene obras en otras zonas de España. La más destacada es la sacristía y la capilla de Palafox de la catedral de El Burgo de Osma, que fueron acabadas por Sabatini.

Juan de Villanueva falleció en 1811, en plena época napoleónica, en su casa de la calle de San Pedro y San Pablo. A su larga enfermedad, que le tuvo alejado de la arquitectura en los últimos años su vida, se le añadió el disgusto de ver cómo sus dos edificios más importantes, el museo y el observatorio, quedaban interrumpidos y ocupados por las tropas francesas.

Está enterrado, con Ventura Rodríguez, en la capilla de los Arquitectos de la iglesia de San Sebastián.

Siglo XIX

El siglo XIX, desde el punto de vista arquitectónico, es mucho más complejo que el XVIII. En él aparece una nueva clase social, la burguesía, que transformará las ciudades, que empezarán a ser lo que son ahora. Aun se construyen iglesias y palacios para la aristocracia, pero los arquitectos tienen que atender a otras necesidades. Habrá que construir edificios públicos como bancos, teatros, academias, escuelas, universidades, bibliotecas y cortes. El crecimiento de las ciudades obliga a hacer planificaciones urbanísticas, con normas cada vez más estrictas, a las que tendrá que adaptarse la arquitectura. Los arquitectos tendrán que preocuparse también de las viviendas de la clase media, que comenzarán a formar parte de la fisonomía de las ciudades. Todo ello requiere la demolición de numerosas iglesias y conventos para construir nuevos edificios o crear nuevas plazas, que a menudo reciben el nombre del edificio desaparecido, como la plaza de Santa Ana o el mercado de San Miguel. Este fenómeno estará sometido a los vaivenes políticos, de manera que será más frecuente en los períodos progresistas y menos en los conservadores, pero no hay duda de que el patrimonio artístico pagó un altísimo precio por el crecimiento de las ciudades.

Desde el punto de vista artístico, es el siglo de los estilos *neo*. Parece como si la arquitectura hubiese perdido la capacidad de inventarse y tuviese que recurrir al pasado. Es el siglo del neogótico, del neorrománico y del neobizantino, que inundan las ciudades europeas. En España habría que añadir el neoplateresco y, sobre todo, el neomudéjar, que en Madrid cuenta con innumerables edificios. Hay comentaristas que utilizan el término neorrenacimiento para referirse al neoclásico del siglo XIX, que no es tan sobrio como el de Villanueva, como el edificio de la Cortes. Pero nos parece mejor dejar esta denominación para los edificios que imitan claramente el renacimiento, que no son muchos, entre otras razones porque también el neoclásico de Villanueva tiene mucho de neorrenacentista. Ya hemos comentado que algunos de sus edificios son los más paladianos de España, siendo Palladio un arquitecto del renacimiento.

Y a diferencia de otras épocas, conviven diferentes estilos o se suceden a gran velocidad, tendencia que continuará en el primer tercio del siglo XX hasta la contienda civil. Esto da lugar al concepto de *eclecticismo*, muy utilizado por los historiadores de la arquitectura, pero que nos parece un poco impreciso. La arquitectura se hace ecléctica porque conviven estilos diferentes, y eclécticos serían los edificios en los que se mezclan estilos diferentes. Pero el problema es que esta denominación se aplica a edificios muy diferentes y de épocas muy distantes, porque hay un eclecticismo del XIX y otro del XX. Desde el punto de vista técnico, la aparición de nuevos materiales obligará a la arquitectura a aliarse con la ingeniería.

Pero no nos apresuremos. Todos estos cambios no comienzan hasta el segundo tercio del siglo XIX. Es cierto que el rey José I empezó con estas tendencias, para lo cual contó con la colaboración de los arquitectos más destacados, pero reinó solo un lustro y no pudo llevar a cabo sus planes, que quedaron interrumpidos durante el reinado de Fernando VII.

Con el siglo XIX comienzan su vida profesional los discípulos de Villanueva. Los más importantes son **Isidro González** (Madrid, 1765-1840), Antonio López y Custodio Moreno, estos dos últimos citados ya en el capítulo anterior, porque acabaron obras que Villanueva dejó sin acabar, que en Madrid fueron casi todas. Todos ellos se formaron en la Real Academia de Bellas Artes de San Fernando. Hay que decir que les tocó vivir en una época confusa, en la que se incluye la época napoleónica, en la que abundan los proyectos fallidos.

Nos centraremos en la figura de Antonio López por diferentes razones. Es el autor de uno de los monumentos más emblemáticos de Madrid, la Puerta de Toledo, y además fue el arquitecto preferido de Fernando VII. A Isidro González se le atribuye la remodelación de la Casita del Labrador de Aranjuez, pero el hecho es dudoso. También es el autor del Obelisco del 2 de Mayo y Caídos por España en la Guerra de la Independencia (pl. de la Lealtad), actualmente dedicado a todos los héroes anónimos caídos en todas las guerras, y también del puente del Rey sobre el río Manzanares —por encima pasa la avenida de Portugal—. Pero algunos edificios de Isidro González han sido completamente desfigurados, y su proyecto para la plaza de Oriente quedó interrumpido. El mismo Isidro González se lamentó de no haber dejado una obra exclusivamente de su autoría.

Antonio López Aguado y García Agüero nació en Madrid en 1764. A los catorce años entró en la Academia de San Fernando, en 1781 entró a trabajar en el taller de Juan de Villanueva y en el 1788 fue nombrado académico de mérito. En 1787 contrajo matrimonio con María del Pilar Josefa González Velázquez, hermana del arquitecto Isidro González. Del matrimonio nacieron cuatro hijos, uno de los cuales, Martín, también fue arquitecto. En 1814 Fernando VII le nombró arquitecto mayor de Madrid, sustituyendo a

Juan de Villanueva, que había fallecido tres años antes. Pero sus relaciones con el Ayuntamiento siempre fueron problemáticas.

Una anécdota ilustra esta situación. En el año 1822 se hundió el proscenio del teatro del Príncipe durante un baile de máscaras. Antonio López estaba obligado a permanecer en la función y se le hizo un juicio por su ausencia, en el que Custodio Moreno y **Silvestre Pérez** (Zaragoza, 1767-Madrid, 1825) actuaron como peritos. Antonio López se defendió, alegando que había enviado a su hijo Martín, que también era arquitecto, lo que no impidió que Ayuntamiento lo apartara de su destino. Pero Fernando VII lo restituyó inmediatamente (Navascués Palacio, 1973).

La historia de la Puerta de Toledo es complicada. Sustituye a otras puertas situadas en las proximidades desde el siglo XVI, pero su antecedente directo es un encargo de José I a Silvestre Pérez en el mismo emplazamiento, que nunca llegó a realizarse. Pero en sus cimientos se encontró una caja con monedas de dicho rey y con un ejemplar de la llamada Constitución de Bayona. Pero cuando José I abandonó España, el Ayuntamiento encargó a Antonio López una nueva puerta en honor a la soberanía nacional reconocida en la Carta Magna y cambió el contenido por un ejemplar de dicha carta y unas monedas de Fernando VII. Pero las obras comenzaron en 1817, en pleno régimen absolutista, por lo cual el rey exigió quitar la carta magna de la caja, y que el monumento fuera dedicado a su gloria. En 1820, al comenzar el Trienio Constitucional se puso un ejemplar de la Constitución en la clave del arco central, que hubo que quitar, no sin esfuerzo, el año 1824 al volver al absolutismo (Navascués Palacio, 1973).

La Puerta de Toledo, por su estructura, nos recuerda a la de San Vicente, pero, por su decoración, a la de Alcalá. Consta de tres cuerpos, el central un poco adelantado respecto a los laterales, con un arco de medio punto, y los laterales, más bajos, con un arco adintelado que llega al punto de arranque del arco de medio punto. Sobre ellos hay sendas placas de mármol con inscripciones. Como pasa en la Puerta de Alcalá, las dos fachadas no son exactamente iguales. En la fachada externa, entre el cuerpo central y los laterales hay dos semicolumnas jónicas de fuste acanalado, que están como tapando unas pilastras también jónicas y de fuste acanalado, y a los lados de los arcos adintelados hay sendas pilastras con las mismas características. En la fachada orientada hacia Madrid, las semicolumnas han sido sustituidas por pilastras. La puerta se remata con una cornisa sobre la cual hay un rectángulo, característico de los edificios madrileños, que ocupa la longitud del cuerpo central, también con inscripción. Se corona con tres grupos escultóricos, uno sobre el cuerpo central y otro sobre los laterales. Representan guerreros que miran hacia fuera de la ciudad para recibir al visitante, lo que todavía aumenta más la asimetría de la puerta. Estas esculturas se pusieron en 1827 y son obra de Ramón Barba y Valeriano Salvatierra. A ambos lados hay dos cuerpos a manera de contrafuertes, elementos de unión con edificios laterales hoy desaparecidos. El mayor volumen de los grupos escultóricos y el hecho de que representen guerreros le da un aire de arco de triunfo que no tiene la Puerta de Alcalá, aunque pocos triunfos podía celebrar Fernando VII.

Otras obras suyas son el Salón de Baile de la Alameda de Osuna, de planta octogonal, y con su hijo Martín construyó el palacio de Fernán Núñez (c/ Santa Isabel, n.º 44), hoy sede de la Fundación de los Ferrocarriles Españoles. En el año 1805 remodeló el palacio de Villahermosa (p.º del Prado, n.º 8), actualmente Museo Thyssen-Bornemisza, edificio orientado de manera transversal al paseo del Prado, de un sobrio neoclásico, rematado por un frontón triangular. También realizó la fachada del teatro Real que da a la plaza de Isabel II, terminada por Custodio Moreno, mientras que su cuñado Isidro González realizó la que da a la plaza de Oriente, pero las dos fueron muy modificadas, sobre todo la de Isidro González. Desde el punto de vista urbanístico, lo más importante es que llevó a cabo la continuación de las remodelación de la plaza Mayor, que había iniciado Juan de Villanueva.

Y también hay que destacar que construyó el último de los sitios reales, el Real Sitio de la Isabela, para Isabel de Braganza, la primera mujer de Fernando VII. Era una ciudad balneario próxima a Sacedón, provincia de Guadalajara, y su construcción tuvo lugar entre 1817 y 1826. Pero este sitio fue anegado por el pantano de Buendía, situado en el cauce del Guadiela, afluente del Tajo, el año 1955. De esta manera el llamado Reino de España cuidaba los lugares emblemáticos de la monarquía.

Antonio López murió en 1831 y en las obras de la plaza Mayor fue sustituido por Custodio Moreno.

En el año 1836 tiene lugar en España un hecho decisivo, que, según más de un historiador, está huérfano del estudio que se merece. Se trata de la desamortización de Mendizábal, que entre otras cosas consistió en que el Estado se apropió de los bienes de la Iglesia y los puso en venta a bajo precio. No fue ni mucho menos la primera, pero sí la más importante. Esto tuvo dos consecuencias de gran importancia en el urbanismo. Una es la aparición de una burguesía de base latifundista, de cortos vuelos, que mira con envidia a la nobleza, que será la base social de la Restauración y de la sublevación militar contra la Segunda

República. Pero es absentista y se instala en las ciudades, sobre todo en Madrid, y las transformará en ciudades modernas. Y la otra es que permitirá al estado la demolición de iglesias y conventos, que, como hemos comentado hace unas líneas, era algo necesario para diseñar las ciudades modernas.

No es casualidad que el primer edificio del Madrid moderno sea el Congreso de los Diputados (c/ Carrera de San Jerónimo, n.º 39). Se erigió en el solar de la iglesia desamortizada del Espíritu Santo, que se había habilitado para este fin, pero se declaró ruinosa el año 1841. El 1842 se convocó un concurso que ganó el arquitecto Narciso Pascual. Chueca Goitia dice que el lugar no es idóneo para este fin por ser demasiado pequeño y por encontrarse en una pendiente acentuada, y parece ser que Narciso Pascual era del mismo parecer. A nosotros nos parece más lamentable la seudoampliación, que ha convertido el edificio en un apéndice de otro mayor. Pero, por suerte, el edificio está intacto.

Narciso Pascual y Colomer nació en 1808, no sabemos si en Madrid o en Valencia. Su padre, Juan Pascual y Colomer, era bibliotecario de la Academia de Bellas Artes de San Fernando, con lo cual desde muy joven tuvo acceso a todo tipo de documentos de arquitectura, hecho que redundó en su formación. Asistió a la academia de dibujo que dirigía Custodio

Moreno, a quien consideró siempre su maestro. En ella preparó el ingreso en la Academia de San Fernando, en la que ingresó en el año 1831. Durante su época de estudiante fue becado como pensionado a Italia y, ya acabados sus estudios, entre 1836 y 1838, a París y Londres.

La construcción del Congreso de los Diputados se inició en el año 1843. Isabel II puso la primera piedra el día que cumplió trece años y comenzó a reinar, acabándose así la regencia de Espartero. Está formado por tres cuerpos. El central presenta un pórtico hexástilo de columnas corintias, que soporta un frontón, con un grupo escultórico de Ponciano Ponzano, y pilastras, también corintias, adosadas a la fachada. Los cuerpos laterales están formados por un primer piso con almohadillado, un segundo piso con ventanas separadas por pilastras jónicas y un tercero más sencillo que se ve interrumpido por el frontón. Las dificultades económicas hacen que el edificio no se acabe hasta 1850; mientras tanto las cortes se reúnen en el salón de baile del teatro Real.

También construyó el palacio de José Salamanca y Mayol, más conocido como el marqués de Salamanca. Es un personaje curioso al que Madrid debe mucho. Fue político y financiero de gran talento, que invirtió en el ferrocarril y en canales de riego, aunque no todos los negocios le salieron bien y en una ocasión tuvo que huir de España de una forma algo novelesca. Pero lo más interesante para el tema de este libro es que compró los solares para edificar el barrio de Salamanca en los terrenos desamortizados de los agustinos recoletos y de la Huerta de San Felipe Neri (Rodríguez Ariza, 2022: 248), inversión que le llevó a la ruina poco antes de morir. Pero el barrio ya estaba planificado.

El palacio del Marqués de Salamanca (p.º de Recoletos, n.º 18) es un edificio exento rodeado de jardines. Está formado por tres cuerpos, dos pisos y balaustrada. El cuerpo central y las ventanas del segundo piso presentan una ornamentación inspirada en el plateresco español, que nos parece demasiado literal. También remodeló el palacio de Vista Alegre, propiedad del mismo marqués, situado en las afueras de Madrid, en la plaza de Carabanchel, aunque es difícil saber qué parte del edificio es obra suya. Y a la muerte de Mariátegui[21] (Sangüesa, 1775-Madrid, 1843), capitán de ingenieros, continuó el edificio de la universidad (c/ San Bernardo, n.º 49), del que probablemente sea suyo el segundo piso, enriquecido por pilastras jónicas y tres sencillos frontones de la misma altura. Desde el

---

21 Adaptó el Noviciado de los Jesuitas, que da nombre a la estación de metro, como sede de la Universidad de Madrid. Autor también del Obelisco de la Arganzuela y de los de la glorieta de las Pirámides.

punto de vista urbanístico lo más destacable es la planificación de la plaza de Oriente.

Como pasa a la mayoría de los arquitectos, las intervenciones de Narciso Pascual son innumerables, y sería cansar al lector reseñarlas todas. Comentaremos que añadió al Observatorio de Villanueva dos garitas cupuladas sobre el pórtico corintio y que a instancias del rey consorte, Francisco de Asís, añadió dos torres neogóticas a la iglesia de los Jerónimos (c/ Ruiz de Alarcón, n.º 17).

Narciso Pascual y Colomer murió en Lisboa, estando de viaje, en el año 1870.

En la época isabelina hay que reseñar la fundación de la Escuela de Arquitectura, en el 1844, al margen de la Academia pero no desvinculada de ella. Evidentemente, no partió de cero y el cambio en la enseñanza y en el estilo no fue radical, porque los directores y catedráticos de la Escuela habían sido formados en la Academia.

En esta época hay que citar a **Aníbal Álvarez Bouquel** (Roma, 1809). Su padre era el escultor José Álvarez Cubero, por lo que se educó en un ambiente vinculado a las artes. Pasó su infancia y adolescencia en Roma, donde se inició en el dibujo y las matemáticas. En 1827 la familia de trasladó a Madrid y Aníbal entró en la Academia de San Fernando, donde fue alumno de Isidro González Velázquez. A lo largo de su vida obtuvo diferentes becas que le permitieron viajar por Italia, Francia, Alemania, Reino Unido y Bélgica. A partir de 1838 se instala en Madrid, año en que es nombrado académico de mérito; en 1844 se encarga de la dirección de la Escuela de Arquitectura.

El edificio más importante de Aníbal Álvarez es el palacio de Gaviria (c/ Arenal, n.º 9), que, según todos los comentaristas, está inspirado en el Renacimiento italiano. El edificio tiene tres pisos, a los que se añadió un ático. El primero está formado por un almohadillado, con la puerta en posición asimétrica, el segundo por ventanas con frontones curvos y el tercero por ventanas sin frontones. También intervino en el palacio de Abrantes (c/ Mayor, n.º 86), actual sede del Instituto Italiano de Cultura, transformando el caserón del siglo XVII en un edificio neorrenacentista, aunque su aspecto final es debido a las reformas del 1888, cuando Italia la compró como embajada. También realizó varias viviendas particulares. Entre las pocas que siguen en pie hay que citar la casa de José Canga Argüelles (c/ Costanilla de los Capuchinos, n.º 1) y la del marqués de Perinat (c/ del Prado, n.º 26).

Aníbal Álvarez Bouquel murió en Madrid en 1870 y fue enterrado en la desaparecida Sacramental de San Luis.

Y en el ámbito urbanístico, hay que citar al ingeniero y arquitecto **Lucio del Valle** (Madrid, 1815-1874), secretario personal de Isabel II, que remodeló la Puerta del Sol, dándole el aspecto que tiene en la actualidad, creando así unos de los espacios urbanos más logrados de Madrid. Como ingeniero, hay que destacar que comenzó el canal de Isabel II.

Cerraremos la era isabelina con **Francisco Jareño**, aunque su obra más importante, que es la Biblioteca Nacional, se acabó en el reinado de Alfonso XII. Nació en Albacete en 1818 y en 1842 se trasladó a Madrid, donde empezó a estudiar arquitectura en la Academia de San Fernando. Continuó los estudios en la Escuela Especial de Arquitectura, donde fue discípulo de Aníbal Álvarez. El 1842 se fue a Italia, becado por el Gobierno. Allí pasó cuatro años, de los cuales trece meses en Sicilia, donde prestó especial atención a los templos griegos. En 1855 fue nombrado catedrático de Historia de la Arquitectura de la Escuela Superior de Arquitectura y en 1867 ingresó en la Real Academia de San Fernando, por el fallecimiento de Martín López Aguado, con un discurso en el que mantenía la policromía de los templos sicilianos de Selinunte, Agrigento y Segesta. En 1878 contrajo matrimonio con Teresa Sanz Lafita, única hija del arquitecto zaragozano Atilano Sanz Pérez[22] (Zaragoza, 1791-¿?), con la que tuvo cuatro hijos.

El primer edifico que construyó en Madrid es el Tribunal de Cuentas (c/ Fuencarral, n.º 81), que da nombre a la estación de metro, que creemos que tendría que llamarse Pedro de Ribera por la proximidad al Hospicio, como hemos sugerido en el capítulo anterior. Se inició en el 1860 y se acabó en 1863. Consta de tres pisos y tres cuerpos, el central levemente adelantado respecto a los laterales. El piso bajo está hecho de piedra blanca, a base de arcos de medio punto con medallones, en los que se lee la «T» y la «C», que hacen referencia a la función del edificio. Los pisos superiores, de ladrillo rojo, están formados por ventanas todas iguales. Se corona con una cornisa que en el cuerpo central forma un ángulo, y encima hay una añadido del siglo XX que en nada ayuda a la estética del edificio.

El siguiente encargo, y el más importante, es la Biblioteca Nacional, que es también Museo Arqueológico. Este edificio tiene la rara característica de tener dos fachadas de categoría arquitectónica similar, una a Recoletos y otra a Serrano. Se corresponde con las dos funciones del edificio, ya que la fachada de Recoletos

22 Arquitecto que en Madrid edificó una casa-palacio en la c/ Santa Isabel, n.º 21-23.

es la entrada de la biblioteca y la de Serrano la del Museo Arqueológico. Pero el frontón que hay en la de Recoletos, ausente en la de Serrano, hace que sea la fachada principal.

El proyecto se aprobó en el año 1865, y el 21 de abril del 1866, a las cinco de la tarde, tuvo lugar la ceremonia de colocación de la primera piedra, presidida por la reina Isabel II. Pero el edificio avanzaba a un ritmo muy lento y en el año 1884 la dirección del edificio pasó al arquitecto Antonio Ruiz de Salces, que hemos citado en el capítulo anterior como autor del palacio de Justicia. El nuevo director alteró los planos, simplificando y abaratando el edificio pero sin borrar la huella de Jareño.

El edificio consta de tres cuerpos y tres pisos. El cuerpo central se avanza respecto a los laterales en ambas fachadas. En la fachada que da a Recoletos, el primer piso del primer cuerpo está ocupado por las escaleras de acceso, el segundo por tres puertas acabadas en arco de medio punto con medallones y el tercero por ocho columnas jónicas que soportan un potente frontón. Los cuerpos laterales presentan almohadillado en el primer piso, en el segundo ventanas con pilastras corintias, cornisa, y sobre ella una ornamentación con volutas, y el tercero presenta ventanas con cornisa con acróteras y frontón triangular. La fachada que da a la calle Serrano presenta solo dos pisos. El cuerpo central, también adelantado respecto a los laterales, presenta en el primer piso seis columnas dóricas, entre las cuales se intercalan ventanas con barandillas. Las columnas soportan un potente entablamento sobre el cual descansan las seis columnas jónicas del segundo piso, entre las que se intercalan puertas con frontones triangulares. Los cuerpos laterales son similares a los de la fachada de Recoletos, salvo las ventanas contiguas al cuerpo central, que siguen su mismo esquema.

El otro gran edificio de Jareño, aunque de menor categoría que los citados, es el Hospital del Niño Jesús (c/ Menéndez y Pelayo, n.º 95-97), encargo de una asociación de mujeres aristócratas, presididas por la marquesa de Santoña, en el año 1879, cuando reinaba ya Alfonso XII. En este edificio Jareño renuncia al clasicismo y realiza el edificio en estilo neomudéjar, basado en el ladrillo de influencia toledana, que será el preponderante durante unos cuarenta años en los edificios públicos de la capital. Consta de un cuerpo central en el que se encuentra la iglesia, del que parten tres pabellones perpendiculares a la calle Menéndez y Pelayo dedicados al conjunto hospitalario. La fachada del templo está coronada por una torre central, acabada en un original elemento metálico y dos torres con pináculos de pizarra.

Francisco Jareño y Alarcón murió en Madrid el año 1892 en su domicilio situado en el número 94 de la calle de Atocha.

El Sexenio Democrático fue poco proclive a la arquitectura, dada su inestabilidad. Uno de los pocos edificios de calidad iniciados en este período es la casa y museo particular del doctor Pedro González de Velasco, más conocido como el doctor Velasco, que actualmente es el Museo Etnológico (p.º de la Infanta Isabel / p.º de Alfonso XII). Este conocido personaje antimonárquico encargó el edifico a Francisco de Cubas, pero el Sexenio, como indica su nombre, fue breve, y finalmente tuvo que ver inaugurado su edificio por Alfonso XII.

Francisco de Cubas y González-Montes, más conocido como marqués de Cubas, nació en Madrid en el año 1826, en el seno de una familia humilde. Se formó en la recién creada Escuela de Arquitectura de Madrid en el año 1845. No obtuvo el título hasta 1855, porque simultaneó los estudios con unos pensionados en Grecia, Italia y Múnich, la Atenas de aquella época, helenizada por obra de Klenze (Schladen, 1784-Múnich, 1864). En 1860 contrajo matrimonio con Matilde Erice y Urquijo cuando ella tenía veinte años, lo que le permitió introducirse en la aristocracia madrileña. En 1870 entró en la Academia de Bellas Artes de San Fernando, de cuya Sección de Arquitectura fue presidente. Defendió el neomedievalismo en su discurso de entrada, estilo propio de la restauración borbónica. Además de arquitecto, fue hombre de negocios y político, pues fue diputado a cortes por Madrid de 1891 a 1893 y senador por Ávila de 1896 a 1898. Durante un mes de 1892 fue alcalde de Madrid.

Empezó haciendo palacios para la aristocracia, como el del Marqués de Alcañices o del Duque de Sesto (p.º de Recoletos, n.º 13), que imita el plateresco español, inspirado en el palacio del Marqués de Salamanca, que está enfrente. Otros más italianizantes son el palacio de López Doriga (p.º de Recoletos, n.º 15) y el de Arenaza (c/ Salustiano Olózaga, n.º 9), actualmente la embajada de Francia, que de los tres es el único edificio exento, y nos parece el de más categoría. Pero ha sido muy modificado y no sabemos cómo era exactamente el edificio proyectado por el arquitecto.

Poco después realizó el Museo Etnológico, del que hemos hablado hace unas líneas, que nos parece el más logrado de todos. La fachada principal es un chaflán, porque las dos fachadas laterales tienen más superficie y no son paralelas. Presenta un pórtico externo, con cuatro columnas jónicas, y sobre el entablamento, un frontón con una cabeza que representa la ciencia.

Posteriormente siguió una línea neomedievalista, en nuestra opinión, menos afortunada, pero muy de acuerdo con la vuelta a la religiosidad que se produjo con la restauración borbónica. Realizó la iglesia de Santa Cruz (c/ Atocha, n.º 6) en el mismo solar de una iglesia desamortizada del mismo nombre, que nos parece un desafortunado híbrido entre neogótico y neomudéjar, con una torre excesivamente alta. Pero el proyecto neomedievalista más ambicioso fue la catedral de la Almudena, proyecto que comenzó en 1876 antes de que Madrid fuera sede episcopal, por lo que en principio el obispado de Toledo fue reticente. Alfonso XII propició el proyecto cediendo el espacio, y todavía se interesó más cuando murió la reina María Mercedes, ya que no podía ser enterrada en El Escorial porque no había tenido descendencia.

El proyecto consistía en una cripta neorrománica y en una fachada neogótica. Las obras comenzaron en 1883 y en 1885 el Vaticano creaba el obispado de Madrid. Pero el movimiento neocatólico, aunque dio lugar a mucha devoción, no fue suficiente para financiar el proyecto, que se quedó en la cripta neorrománica. Tampoco hubiera sido apropiada una fachada gótica delante del Palacio Real; la fachada que se hizo después, aunque es discutible, se aviene más con él. Es obra de Juan Moya, del que hemos hablado en el capítulo anterior como restaurador de la iglesia de San

José, de Fernando Chueca Goitia, que como arquitecto ha sido citado cuando hablamos del Museo del Prado y de la Academia de San Fernando, y de **Carlos Sidro de la Puerta**[23] (Madrid, [1911-1983]).

Francisco de Cubas también construyó edificios de viviendas para la burguesía, y sería cansar al lector enumerarlos todos. Citaremos la Casa Isern (c/ Carrera de San Jerónimo, n.º 18), de estilo neogótico, y la casa que tiene fachadas a la calle Olid y a Fuencarral. Esta casa presenta unas galerías metálicas, muy características de Madrid, con la particularidad de que bordea el chaflán, de manera que se continua la de una calle con la de la otra.

Francisco de Cubas murió en Madrid en 1899 y está enterrado en la cripta de la Almudena. Y a partir del año 2000, por iniciativa del rey Juan Carlos I, se trasladaron los restos mortales de la reina María Mercedes de El Escorial a esta cripta, donde se conservaba su capilla funeraria, cumpliéndose así el deseo de su bisabuelo.

Pero el mejor arquitecto de la Restauración nos parece Ricardo Velázquez, cuya vida profesional coincide más o menos con este período. Quizá sea el mejor arquitecto español de su época y uno de los mejores

---

23 Autor de la iglesia Virgen Peregrina de Fátima en la c/ Diego de León, n.º 36.

de todo el siglo xix. Es el que inicia la arquitectura del hierro en España, iniciándose así su maridaje con la ingeniería.

Ricardo Velázquez Bosco nació en Burgos en 1843, pero en 1848 la familia se trasladó a Madrid. Su primera formación fue la de dibujante, y como tal dibujante se fue a León en el año 1863 para colaborar en la restauración de la catedral, a cargo del arquitecto **Matías Laviña**[24] (Zaragoza, 1796-Madrid, 1868). En dicha ciudad contrajo matrimonio con Teresa Tejerina y se le despertó su afición a la arqueología. Se dedicó a recoger piezas para el recién creado Museo Arqueológico Nacional y, como resultado de estas actuaciones, fue nombrado académico de número de la Real Academia de San Fernando, institución con la que colaboraría toda su vida. En el año 1869 participó como dibujante en la expedición científica que la fragata Arapiles realizó por el Mediterráneo.

En 1875, a los treinta y dos años de edad, comenzó la carrera de Arquitectura, al mismo tiempo que ejercía de profesor de dibujo en el Conservatorio de Artes y Oficios Artísticos. Obtuvo el título de arquitecto al cabo de cuatro años, y en 1881, la cátedra de Historia de la Arquitectura y Copia de Conjuntos

24 Autor del palacio del Duque de Granada de Ega en la c/ Cuesta de Santo Domingo, n.º 5 con c/ Bola, n.º 6, construido entre 1851 y 1859.

Arquitectónicos. A partir de entonces se dedica plenamente a la arquitectura.

El primer encargo fue el palacio de Velázquez, situado en el parque del Retiro, que no toma el nombre del pintor, como muchos creen, sino de su autor. Se construyó entre los años 1881 y 1883 y su finalidad era la Exposición de Minas del año 1883. Consta de tres módulos paralelos, unidos por dos galerías transversales, cuya anchura ocupa casi la totalidad de la longitud de los módulos laterales. La decoración de basa en arcos y ventanas de medio punto, capiteles jónicos, medallones y cerámica con azulejos. El techo de todo el edificio es de hierro y, debido a su inexperiencia en este material, fue ayudado por el joven arquitecto e ingeniero **Alberto del Palacio Elissague** (Sare, Francia, 1856-Guecho, 1939), que construyó después el puente sobre la ría de Bilbao.

El siguiente encargo fue el Palacio de Cristal del Retiro, muy próximo al edificio anterior, que está inspirado en el Chrystal Palace de Joseph Paxton (Bedfordshire, 1803-Londres, 1865), situado en Hyde Park de Londres, de mayores dimensiones. Nos parece uno de los mejores edificios españoles del siglo XIX y creemos que si no estuviera en el parque sería más conocido. Con el mercado de San Miguel y las estaciones de Atocha y de las Delicias, constituye uno de los más claros exponentes de la arquitectura del hierro en Madrid, por lo menos en lo que a los exteriores se refiere, y como en el edificio anterior, necesitó la ayuda de Alberto del Palacio. Su finalidad fue acoger la Exposición de las Filipinas del año 1887 y actualmente forma parte del Museo Reina Sofía. Como dato histórico, diremos que en él tuvo lugar el nombramiento de Manuel Azaña como presidente de la Segunda República Española.

Está constituido por dos brazos desiguales, que se cortan en el centro. Los brazos están formados por arcos de medio punto ocupados por cristales. El brazo corto está truncado en uno de sus extremos para dar lugar al pórtico de entrada, formado por una escalinata, sobre la que hay tres cuerpos con columnas jónicas. El cuerpo central, que es propiamente la entrada, está atrasado respecto a los laterales. El interior presenta una nave lateral muy estrecha, que recorre todo su perímetro, separada del resto del edificio por unas columnas. Una cúpula con cuatro paños de cristal sobresale sobre el resto de la cubierta, formada por bóvedas de medio cañón también de cristal. La cubierta tiene dos niveles, uno más alto para la parte central y otro más bajo para la nave lateral, dando lugar a una especie claristorio como el de las catedrales góticas.

Más grandilocuente es el Ministerio de Fomento, hoy Ministerio de Agricultura (p.º de la Infanta Isabel, n.º 1). Está también construido con cerámica y ladrillo, lo que le hará, según Rodríguez Ariza (2022: 294), precursor de la arquitectura regionalista de los años veinte. Consta de tres pisos y tres cuerpos. El cuerpo central presenta en el primer piso un zócalo almohadillado, con dos gigantescas cariátides, precursoras de la que utilizará Antonio Palacios en el Instituto Cervantes (Rodríguez Ariza, 2022: 295). El segundo y el tercer piso está ocupados por un pórtico formado por cuatro pares de columnas jónico corintias, sobre las que descansa un sólido entablamento. Sobre él hay un rectángulo, tan característico de los edificios madrileños, sobre el cual, a modo de podio, hay tres grupos escultóricos de Querol. En las esquinas hay torres coronadas por cúpulas con ventanas amansardadas.

La Escuela de Ingenieros de Minas (c/ Ríos Rosas, n.º 21) tiene muchos puntos en común con el Ministerio de Fomento, pero el conjunto resulta más sobrio. En las fachadas laterales hay dos espléndidos murales de Zuloaga, basados en pinturas de Manuel Domínguez y Vicente Oms. En 1911 Ricardo Velázquez añadió las cúpulas de las esquinas similares a las del Ministerio de Agricultura, en nuestra opinión, excesivamente voluminosas.

En 1891 le encargaron la ampliación del Casón del Buen Retiro y la fachada principal que da al paseo del Prado (c/ Alfonso XII, n.º 28). Esta fachada tiene un aire clasicista que se aparta de su estilo característico.

Consta de tres cuerpos y dos pisos. Como en el pórtico de entrada del Palacio de Cristal, el cuerpo central está atrasado respecto a los laterales. El primer piso es liso, cuya función parece ser salvar el desnivel, y presenta una puerta en los laterales. En el segundo piso, los cuerpos laterales presentan dos pilastras y ventanas con frontones encima de las puertas del primer piso. El cuerpo central presenta cuatro columnas jónicas. El conjunto está recorrido por un entablamento, que en los laterales soporta sendos frontones.

Otro edificio público de Velázquez es la actual Escuela Superior del Ejército (p.º de la Castellana, n.º 71), sobre los cimientos de lo que habría de ser un centro de enseñanza femenino. Ricardo Velázquez recibe el encargo en 1888 de construir la Escuela de Sordomudos y Ciegos. Presenta tres cuerpos y tres pisos; el central, de color blanco, destaca sobre el resto, que es de ladrillo.

Velázquez Bosco también recibió encargos de particulares, como el palacio de Gamazo (c/ Génova, n.º 26), que no es propiamente un palacio, y la Casa Laurent (c/ Granada, n.º 16 / c/ Narciso Serra, n.º 7). También intervino en otras ciudades, especialmente en Guadalajara, y en los últimos años de su vida se dedicó a la restauración de monumentos, sobre todo, de Medina Azahara, próxima a Córdoba, y a la reconstrucción de las ciudades destruidas por los terremotos. Murió en Madrid en 1923.

Según Chueca Goitia, el Banco de España (c/ Alcalá / p.º del Prado) es el mejor edificio del Madrid decimonónico. Ocupa el espacio que ocupaba el palacio de Alcañices, propiedad del duque de Sesto, que sucumbió por encontrarse en plena zona de desarrollo económico de la ciudad. Para su ejecución se pone en marcha un concurso público que ganan los arquitectos **Severino Sainz de Lastra**[25] (Madrid, 1823-1884) y su ayudante, **Eduardo Adaro**[26] (Gijón, 1848-Madrid, 1906). Previamente efectuaron un viaje por Europa para estudiar los bancos centrales de las capitales europeas, y al volver dijeron que el solar no era suficiente, razón por la cual se expropian varios edificios adyacentes. Pero Sainz de Lastra murió a los pocos meses de iniciarse las obras y su ayudante Adaro se quedó al frente de las obras, en la que intervinieron también otros arquitectos.

La primera piedra la puso Alfonso XII el año 1884 y fue acabado en 1891. Es difícil de encasillar en un estilo determinado, y más difícil todavía de describir. En él hay abundancia de columnas, pilastras, cariátides, balaustradas y medallones. La fachada principal

25 Autor del edificio para la Sociedad de Crédito inmobiliario de la c/ Recoletos, n.º 17.
26 Autor del n.º 1 de la pl. de Canalejas.

es achaflanada, como la del Museo Etnológico, porque las laterales tienen más superficie y forman ángulo. Se corona con un reloj, sobre el cual hay un templete de hierro rematado por una esfera dorada. El edificio fue objeto de sucesivas ampliaciones, todas ellas muy respetuosas. La última, a cargo de **Rafael Moneo**[27] (Tudela, 1937), también lo es, contrastando con su intervención en los Jerónimos. Es una réplica del edificio antiguo, del que solo se diferencia en que las efigies de los medallones están inacabadas.

Evidentemente, no hemos citado a todos los arquitectos destacados, ni los podremos citar a todos. En la abundantísima producción neomudéjar de Madrid, el arquitecto más dotado nos parece **Emilio Rodríguez Ayuso** (Madrid, 1846-1891), autor de las Escuelas Aguirre (c/ Pío Baroja, n.º 4), en la que hay que destacar la torre a imitación de las de Teruel y sus espléndidos pabellones.

En la arquitectura teatral hay que destacar a **Jerónimo de la Gándara** (Ceceñas, Cantabria, 1825-Madrid, 1877), autor del teatro de la Zarzuela (c/ Jovellanos, n.º 4), y a **Agustín Ortiz de Villajos** (Quintanar de la Orden, 1832-Madrid, 1902), autor del teatro María Guerrero (c/ Tamayo y Baus, n.º 4) y del teatro de la Comedia (c/ Príncipe, n.º 14). Y una mención

27 Autor del Museo Romano de Mérida.

especial merece **Miguel Aguado de la Sierra** (Madrid, 1842-1896), autor de la sede de la Real Academia de la Lengua (c/ Felipe IV, n.º 4), que nos parece un edifico especialmente logrado. Es un cubo de ladrillo coronado por un piso de piedra y con un pórtico griego externo que nos recuerda al del Museo Etnológico, con la diferencia de que los capiteles, son dóricos y no jónicos. Dentro del neogótico, influido por **Eugène Viollet-le-Duc** (París, 1814-Lausana, 1879), hay que citar a **Juan de Madrazo** (Madrid, 1829-1880), autor de Palacio de la Unión de Cubas (pl. de Santa Bárbara), que hizo la desafortunada decoración de las Calatravas, y a **José Segundo de Lema** (Madrid, 1823-1891), autor del palacio de Zabálburu (c/ Marqués del Duero, n.º 7). También hay que citar a **Enrique María Repullés**[28] (Madrid, 1845-1922), autor de la Bolsa de Madrid (pl. de la Lealtad, n.º 1), con un pórtico corintio cuyos cuerpos laterales forman ángulo con el central para adaptarse a la plaza.

Acabaremos el siglo XIX hablando de dos arquitectos cuya actividad profesional continúa en el siglo XX. Uno es el catalán **José Grases Riera** (Barcelona, 1850-Madrid, 1919), autor del edificio de La Equitativa (c/ Alcalá, n.º 14). Está entre dos calles que no

28 Autor de las iglesia de Santa Cristina en el p.º de Extremadura, n.º 36, de 1900.

son paralelas, pero en vez de hacer una fachada principal en forma de chaflán, lo que hace es suprimirla y substituirla por un torreón con remate similar al del Banco de España, con reloj y esfera dorada. En la decoración destacan las cabezas de elefante sosteniendo el balcón del piso principal. También es autor de un edificio de la plaza de la Independencia (pl. de la Independencia, n.º 4 / c/ Serrano, n.º 1), de 1889-1890, cuyo interés es más urbanístico que arquitectónico, pues tiene una fachada curva para adaptarse a la forma de la plaza.

El otro es **Fernando Arbós** (Roma, 1844-Madrid, 1916), que hemos citado en las reformas del Museo del Prado. Es autor de la Casa de las Alhajas (pl. de San Martín, n.º 1), de corte medievalista, y de la basílica de Atocha (avda. Ciudad de Barcelona, n.º 1), de inspiración toscana, proyecto que quedó reducido a la torre y al panteón, pues el templo tiene una morfología ajena al proyecto inicial.

Siglos XX y XXI

El siglo XX es arquitectónicamente complejo, pero no tanto como el XIX, pues Madrid ya está consolidada como ciudad moderna. Pero hay cambios sustanciales en la arquitectura, sobre todo, los producidos por la Guerra Civil y el franquismo. Por eso dividiremos el capítulo en dos partes, de modo que la obra de los arquitectos que trabajaron antes y después de la contienda será tratada separadamente. Desde el punto de vista urbanístico, el cambio más importante de comienzos de siglo es la Gran Vía, que une la calle Alcalá con la plaza de España, formada por edificios de estilo muy variado.

En el primer tercio del siglo, hasta la contienda civil, conviven arquitecturas muy diferentes, como pasaba ya a finales de la centuria anterior. Hay arquitectura modernista, arquitectura industrial, arquitectura del hierro, arquitectura regionalista, arquitectura historicista, arquitectura clasicista, arquitectura *art déco* y, finalmente, una afortunada explosión de arquitectura racionalista que la Segunda República adoptará como arquitectura oficial y que se acabará con el franquismo. Declina el neomudéjar, aunque se hacen algunos edificios, como la plaza de toros de Las Ventas (c/ Alcalá, n.º 237), de 1922-1929, de José Espelius[29] (San Sebastián, 1874-San Sebastián, 1928).

El modernismo se cultivó en el primer cuarto del siglo. No hay muchos edificios de este estilo en Madrid, pero sí algunos muy buenos. Según Navascués Palacio (1973), el modernismo madrileño es un estilo epitelial y no estructural, pues es un estilo importado de Cataluña. La única excepción es el palacio de Longoria (c/ Fernando VI / c/ Pelayo), actual sede de la Sociedad General de Autores y Editores, obra de José Grases Riera. Es el edificio más gaudiniano de Madrid, lo que no necesariamente es una alabanza. De este arquitecto ya hemos hablado en el capítulo anterior, pues ya estaba en activo en el siglo XIX, en el que realizó el edificio de La Equitativa. En el siglo XX realizó también el monumento a Alfonso XII que se refleja en el Estanque del Retiro y el teatro Lírico (c/ Marqués de la Ensenada, n.º 8), hoy Liceo Francés, que, como La Equitativa, presenta elefantes en su fachada.

29 Autor también del cine Ideal (c/ Doctor Cortezo, n.º 6) y del teatro Reina Victoria (c/ Carrera de San Jerónimo, n.º 24).

Otros edificios modernistas son la Casa Gallardo (c/ Ferraz, n.º 2), de 1911-1914, obra de **Federico Arias Rey** (Reus, 1971-¿?)[30]; la Casa Colonial (c/ Mayor, n.º 16 y 18), de 1906-1909, obra de **Miguel Mathet** (Toledo, 1849-Madrid, 1909); La Botica de la Reina Madre (c/ Mayor, n.º 73), de **Jesús Carrasco Muñoz** (Madrid, 1869-1957)[31]; y la Casa Pérez Villaamil (pl. de Matute, n.º 10), de 1906, de **Eduardo Reynals** (Madrid, 1864-1916). También hay que citar las dos colonias modernistas: el Madrid Moderno (c/ Castelar, n.º 33) y la colonia de la Prensa, ambas muy deterioradas y con mezcla de otros estilos. De esta última destacan los pabellones de acceso (c/ Eugenia de Montijo, n.º 61 y 63), de 1911-1913. Y aunque nos parece discutible, algunos comentaristas incluyen en el modernismo el cine Doré (c/ Santa Isabel, n.º 3), de 1922, actualmente sede de la Filmoteca Nacional, obra de **Críspulo Moro** (Madrid, 1878-1935)[32]. Este edificio fue objeto de una felicísima restauración en los años ochenta del pasado siglo, que se extendió a la zona adyacente, a cargo del arquitecto **Javier Feduchi** (Madrid, 1929-2005).

30 Autor de la Casa Juan Boix André (avda. Ciudad de Barcelona / c/ Menéndez y Pelayo).
31 Autor del hotel Reina Victoria (pl. de Santa Ana, n.º 14) y del edificio del semanario *Nuevo Mundo* (c/ Larra, n.º 14).
32 Autor del edificio Críspulo Moro (c/ Alfonso XII, n.º 58).

La arquitectura industrial tiene su más claro exponente en el matadero de Legazpi (pl. de Legazpi, n.º 8), convertido en un centro cultural, obra del arquitecto **Luis Bellido**[33] (Logroño, 1869-Madrid, 1955). La arquitectura del hierro, iniciada en la centuria anterior, tiene su más claro ejemplo en el mercado de San Miguel (pl. de San Miguel, s/n), de 1915, obra de Alfonso Dubé. Este mercado es el único de este tipo que se mantiene debido a una inteligente operación consistente en darle un contenido gastronómico, como había hecho el de La Boqueria de Barcelona, evitando la falta de rentabilidad provocada por la competencia de los supermercados (Rodríguez Ariza, 2022: 350-351). Como ejemplo de arquitectura historicista citaremos la iglesia de San Manuel y San Benito (c/ Alcalá, n.º 83), con ventanas neogóticas y decoración neobizantina en su interior, obra de Fernando Arbós, del que ya hemos hablado en el capítulo anterior; y también la fachada de Serrano del edifico ABC (c/ Serrano, n.º 61), de estilo neoplateresco, obra de **José López Sallaberry**[34] (Madrid, 1858-1927). También es de destacar el Colegio de Nuestra Señora del Pilar (c/ Príncipe de Vergara, n.º 41), obra de 1910-1916 de

33 Autor de la Casa dos Potugueses (c/ Virgen de los Peligros, n.º 13).
34 Autor del palacete Eduardo Adcoch (p.º de la Castellana, n.º 37).

Manuel Aníbal Álvarez (Madrid, 1850-1930), hijo de Aníbal Álvarez Bouquel, de estilo neogótico, muy diferente del neogótico del siglo XIX. La arquitectura regionalista está representada por la fachada del edificio ABC que da al paseo de la Castellana (p.º de la Castellana, n.º 34), de inspiración andaluza, obra del arquitecto **Aníbal González** (Sevilla, 1876-1926), autor de la plaza de España de Sevilla.

Hay también edificios que combinan el historicismo con el regionalismo, dando lugar al estilo bautizado con el impreciso nombre de *eclecticismo*. Un ejemplo es el palacio Bermejillo (p.º de Eduardo Dato, n.º 31), de 1916, actual sede del Defensor del Pueblo, de **Eladio Laredo** (Castro Urdiales, 1864-Santa Cruz de Tenerife, 1941)[35], neoplateresco, con elementos de arquitectura cántabra como los grandes aleros y las torres laterales; y la Casa Tomás Allende o edifico Meneses (c/ Carrera de San Jerónimo, n.º 22 / pl. de Canalejas, n.º 3), obra de 1916-1920 de **Leonardo Rucabado** (Castro Urdiales, 1875-1918), que presenta conchas a imitación del conocido edificio salmantino, pero que en la fachada de la Carrera de San Jerónimo tiene una solana montañesa. La arquitectura *art déco* está representada en el número 52 de la Gran

---

35 Autor del teatro Infanta Isabel (c/ Barquillo, n.º 24), de 1913, y del edifico Grassy (c/ Gran Vía, n.º 1), de 1916.

Vía, obra de **Luis Díez Tolosana,** y en el teatro Pavón (c/ Embajadores, n.º 9), de **Teodoro de Anasagasti y Algán** (Bermeo, 1880-Madrid, 1938), autor también del número 32 de la Gran Vía.

Nos parece que merece una especial atención el arquitecto **Joaquín Saldaña** (Madrid, 1870-1939), al que se le debe en gran medida la arquitectura clasicista del siglo xx. Fue el arquitecto preferido por la aristocracia madrileña de las dos primeras décadas del siglo, para la que construyó numerosos palacetes de un estilo que podríamos llamar *parisino* en el que abundan las ventanas amansardadas y a veces hay almohadillado. Entre sus obras destacan el palacio March (c/ Ortega y Gasset / c/ Núñez de Balboa); el palacio de la Condesa de Adanero (c/ Santa Engracia, n.º 7 / c/ Manuel González Longoria, n.º 9), de 1911-1913, actual sede del Ministerio de Política Territorial y Memoria Democrática; el palacio de Saldaña (c/ Ortega y Gasset, n.º 32 / c/ Castelló, n.º 75), actual Tribunal Tutelar de Menores; el hotel del Duque de Plasencia (c/ Montesquinza, n.º 48 / c/ Jenner, n.º 34), actual sede de la Fundación Norman Foster; el Instituto Internacional de Señoritas de España (c/ Miguel Ángel, n.º 8 / c/ Rafael Calvo, n.º 37); y la embajada de Portugal (c/ Lagasca, n.º 88). De un estilo algo diferente es el hotel Atlántico (c/ Gran Vía, n.º 38 / c/ Concepción Arenal, n.º 2), de 1920-1923; y de un estilo completamente diferente es la iglesia de San Francisco de Sales (c/ Francos Rodríguez, n.º 5 / c/ Goiri), de 1925-1926.

A esta tendencia clasicista hay que añadir otros edificios de otros arquitectos, como el palacio de Amboages (c/ Lagasca, n.º 98), de 1914-1917, actual embajada de Italia, de **Joaquín Rojí**[36] (Valladolid, 1878-Madrid, 1932); el palacio del Marqués del Rafal (c/ Padilla, n.º 23 / c/ Castelló, n.º 73), de 1913-1919, actual embajada de Bélgica, de **Luis Sainz de los Terreros** (Santander, 1876-Madrid, 1936)[37]; el hotel de los Duques de San Mauro (c/ Zurbano, n.º 36 / c/ Almagro, n.º 19), obra de 1899-1902 de **Juan Bautista Lázaro** (León, 1849-Ciempozuelos, 1919)[38]; y el hotel de los Marqueses de Borghetto (c/ Miguel Ángel, n.º 25), de 1913-1919, actual sede de la Delegación del Gobierno en la Comunidad de Madrid, obra de **Ignacio de Aldama**[39] (1867-1953). Hay que añadir el palacete de Eduardo Adcoch, que ya ha sido citado

36 Autor del n.º 6 de la pl. de Canalejas.
37 Autor de Círculo de la Unión Mercantil e Industrial (c/ Gran Vía, n.º 24 / c/ Hortaleza, n.º 2), de 1918-1924.
38 Autor de la iglesia de la Milagrosa (c/ García de Paredes, n.º 45), de 1900-1904.
39 Autor del n.º 2 de la c/ Almagro y de los n.º 63 y 65 de la c/ Gran Vía.

por ser obra del mismo arquitecto de la fachada neo-plateresca del ABC.

Transcurrido el primer cuarto de siglo, desparece el modernismo y hace su aparición el racionalismo en Madrid y en toda España en torno al GATEPAC[40], que tiene en Cataluña su paralelo en el GATCPAC[41], que conocerá un éxito extraordinario y que, como hemos dicho antes, la Segunda República adoptará como estilo oficial. El racionalismo de esta época inunda con éxito los ensanches de las ciudades españolas, y también encontramos edificios de este estilo en los cascos antiguos, normalmente haciendo un papel muy digno. Y no agota sus posibilidades en estos años, porque su influencia es importante en la arquitectura posterior.

El racionalismo supone una nueva toma de conciencia de la función de la arquitectura, que se hace consciente de que tiene que atender a muchas necesidades, tanto públicas como privadas, con el menor coste posible. No es casual que uno de los edificios más emblemáticos del racionalismo en Cataluña sea la Casa Bloc, que es un grupo de viviendas para familias con pocos recursos. Muchos son escuelas e

---

40 Grupo de Artistas y Técnicos Españoles para el Progreso de la Arquitectura Contemporánea.
41 Grupo de Artistas y Técnicos Catalanes para el Progreso de la Arquitectura Contemporánea.

institutos, lo que ha dado lugar a la denominación de *arquitectura escolar*. También hay ambulatorios, hospitales y dispensarios. Y, aunque busca la economía, también hay un racionalismo para clientes más adinerados, como las viviendas unifamiliares de la colonia El Viso, obra del arquitecto **Rafael Bergamín Gutiérrez**[42] (Málaga, 1981-Madrid, 1970).

Sus formas son de una geometría simple, tanto en las rectas como en las curvas. Se le ha llamado *estilo barco*, por sus ventanas circulares a modo de ojo de buey y balcones con mucha obra y poca barandilla metálica, lo que recuerda a la cubierta de un barco. No nos parece exagerado afirmar que el racionalismo renuncia a grandes logros estéticos, lo cual no quiere decir que no haya edificios que, dentro de su simplicidad, por sus proporciones puedan ser considerados una auténtica obra de arte. Nos identificamos plenamente con Urrutia Núñez (1991: 4 y 14) cuando define el racionalismo como una democratización de la arquitectura, no exenta de una cierta estética, que satisface a todas las clases sociales sin hacer una arquitectura a la medida.

42 Autor de la embajada del Japón (c/ Joaquín Costa, n.º 27 / c/ Guadalquivir, n.º 3), de 1933; y de las oficinas Iturbe (Serrano, n.º 160, 162 y 164), de 1933, ambos edificios del más puro racionalismo.

Es imposible reseñar todos los edificios raciona-
listas de Madrid. De corte racionalista es la Ciudad
Universitaria, dirigida por el arquitecto **Modes-
to López Otero**[43] (Valladolid, 1885-Madrid, 1962).
Uno de los más emblemáticos y de más impacto urbanístico es el edifico Carrión o Capitol (c/ Gran Vía,
n.º 41), de 1931-1933, que preside la plaza del Callao,
obra de los arquitectos **Vicente Eced Eced** (Valencia,
1902-1978) y de **Luis Martínez-Feduchi** (Madrid,
1901-1975)[44]. También es muy visible el que está entre las calles Alcalá y Goya (c/ Alcalá, n.º 98 / c/ Goya,
n.º 91), de 1930-1935, del arquitecto **Jesús Martí
Martín** (Castellón de la Plana, 1899-México, 1975).

Pero el arquitecto racionalista más importante de
Madrid, tanto por la calidad como por la cantidad de
su obra, nos parece que es **Luis Gutiérrez Soto** (Madrid, 1900). Estudió bachillerato en los agustinos de
El Escorial y obtuvo el título de arquitecto en el año
1923. Su arquitectura anterior a la guerra se inscribe
plenamente en el movimiento racionalista y el GA-
TEPAC. Su abundantísima obra se centra en Madrid, aunque tiene algunos edificios en otras ciudades,
como el edificio Fàbregas de la plaza de Urquinaona

---

43 Autor del hotel Gran Vía (c/ Gran Vía, n.º 5), del edificio de
   La Unión y el Fénix (c/ Alcalá, n.º 3) y del Arco de la Victoria.
44 Autor, con Luis Moya, del Museo de América (avda. de los
   Reyes Católicos, n.º 6), de 1943-1954.

de Barcelona. Él y Joaquín Saldaña nos parecen los más destacados arquitectos de Madrid del siglo xx.

Su obra más importante es el cine Barceló (c/ Barceló, n.º 1), de 1930, situado entre las calles Barceló y Larra, haciendo un chaflán muy redondeado, muy característico del racionalismo. En él se hace evidente la similitud con un barco, tanto por las ventanas en ojo de buey como por los balcones. Es también el autor del cine Callao (pl. del Callao, n.º 3), de 1926; del cine Europa (c/ Bravo Murillo, n.º 160), de 1928; del cine Narváez (c/ Narváez, n.º 42); y de numerosos edificios de viviendas como el de la calle Fernando de los Ríos (c/ Fernando de los Ríos, n.º 53), esquina Blasco de Garay; el de la calle Donoso Cortés (c/ Donoso Cortés, n.º 26 / c/ Vallehermoso, n.º 54 y 56); y el de la calle Almagro (c/ Almagro, n.º 16 / c/ Zurbano, n.º 27), todos en la misma estética, con chaflanes redondeados.

También es considerado racionalista **Secundino Zuazo Ugalde**, aunque su arquitectura se aparta más de los cánones de este estilo. Nació en Madrid en al año 1887 y obtuvo el título de arquitecto en Madrid en el año 1912. En 1919 Antonio Garay le encarga un edificio, llamado Casa de las Abejas (c/ Doctor Esquerdo). Se trata de un edifico exento, con un callejón intermedio y un gran patio en la parte posterior. En la calle interior hay un curioso templete en el que hay alusiones al negocio de la apicultura. Contrasta el último piso con el resto del edificio, de estética racionalista.

En el año 1926 construye el Palacio de la Música (c/ Gran Vía, n.º 35), edificio completamente diferente del que se hacían en aquella época. La distribución del ladrillo y la piedra recuerda a la de edificios de otras épocas, como el del Museo del Prado o el de la Casa de Correos. La fachada presenta tres ventanas bajo tres óculos y se corona con una galería de columnas jónicas.

En el año 1931 el Banco Hispano Colonial encarga a Secundino Zuazo un bloque de viviendas de alquiler denominada Casa de las Flores (c/ Hilarión Eslava, n.º 2). Este edifico destaca por la originalidad de su planteamiento, que permite resolver diferentes problemas. Consta de dos cuerpos paralelos, orientados de norte a sur, separados por un jardín. Aunque está considerado racionalista, el exterior está formado por ladrillo visto, que le distancia de la estética de este estilo, dominada por el cemento. No dudamos de que sea un edificio muy interesante desde el punto de vista técnico, pero creemos que sus valores estéticos son escasos.

En plena República, Indalecio Prieto, amigo personal de Zuazo, le encarga el edificio de Nuevos Ministerios (p.º de la Castellana, n.º 63) en el lugar que ocupaba el hipódromo, que había sido trasladado a la carretera de La Coruña. El edifico se inició durante la República y lo acabaron otros arquitecto en el franquismo. Aunque es discutible, no puede decirse que sea un híbrido, pues se inició en un estilo escurialense, que se aviene perfectamente con la arquitectura posterior a la Guerra Civil. Es también autor del número 5 de la plaza de la Independencia, esquina calle Serrano, número 2, de 1929-1933, que destaca más por la contribución urbanística a la plaza que por su arquitectura, pues se adapta a su curvatura.

En el ámbito del mobiliario urbano racionalista hay que citar la gasolinera de Porto Pi (c/ Alberto Aguilera, n.º 18), del arquitecto **Casto Fernández Shaw** (Madrid, 1896-1978), autor de la gasolinera de la avenida de Aragón 388, del mercado de San Fernando (Embajadores, 41) y del n.º 15 de la avenida Menéndez y Pelayo. Nos comenta Rodríguez Ariza (2022: 390) que en 1977 se inició su demolición, pero gracias a la presión ciudadana fue frenada por el Ayuntamiento de Tierno Galván. Y al construirse un hotel en la misma manzana se obligó a la empresa a reconstruir fielmente la antigua gasolinera.

Y contemporáneo de todos estos arquitectos citados es el originalísimo Antonio Palacios, del que Chueca Goitia dice que es discutible, pero que dio a Madrid la monumentalidad que necesitaba. Creemos que la mejor presentación que puede hacerse de él es que, si no hubiese existido, habría habido que inventarlo. Añade Chueca Goitia que es de difícil clasificación, a veces primitivo, pero con una potencia creadora que no puede dejarnos indiferentes. Sin discutir estas afirmaciones, lo que más nos llama la atención es su versatilidad, lo que no impide que casi todos sus edificios tengan el sello de su autor. En su Porriño natal tenemos la casa consistorial neomedievalista, y detrás, a pocos metros, la farmacia de su hermano, de líneas muy sobrias. Sin salir de Galicia, nos encontramos con la guardería de la Alameda de Santiago de Compostela (Costa y Morenas, 1984: 166-169), en el más puro estilo modernista; el pabellón de la Fuente de Gándara, del balneario de Mondariz, que nos recuerda a los edificios del balneario de Karlovy Vary, próximo a Praga; y las iglesias de O Carballiño y Panxón, estas dos muy similares, de un originalísimo neogótico. Estas cuatro obras nos parecen las más logradas. Pero aparquemos las emociones y entremos en materia, sobre todo en materia madrileña.

Antonio Palacios Ramilo nació en Porriño en el año 1874. Su padre era maestro de obras públicas y la familia de su madre era propietaria de unas canteras, por lo que el ambiente familiar era propicio a la arquitectura. Estudió el bachillerato en Pontevedra y en 1892 comienza estudios de ingeniería, pero se inclinará por la arquitectura cuando se separen ambas carreras. Fue alumno de Ricardo Velázquez, que influyó mucho en su estilo. En 1900 obtiene la licenciatura con **Joaquín Otamendi y Machimbarrena** (San Sebastián, 1874-Madrid, 1960), que colaborará con él en las primeras obras. Vivió toda su vida en Madrid, aunque nunca perdió los vínculos con Galicia, como se deduce de los edificios comentados anteriormente, que no son ni mucho menos los únicos. Contrajo matrimonio con Adela Rodríguez de Málaga, pero no tuvo descendencia.

El primer edifico importante es quizás el más conocido, el Palacio de Comunicaciones (pl. de Cibeles), de 1904-1919, que actualmente es una dependencia municipal. En 1904 se abrió un concurso para este edificio para ser la central de correos, telégrafos y teléfonos. Se presentaron tres proyectos y en el mes de noviembre de ese mismo año la Academia de San Fernando falló en favor del proyecto Palacios-Otamendi. Chueca Goitia dice que es un edificio discutible, pero que asombra el manejo del vocabulario arquitectónico por parte de un arquitecto de treinta años. Consta de tres cuerpos y, como en el edificio de la Bolsa, los laterales forman un ángulo con el central para seguir la curvatura de la plaza. Cada cuerpo presenta una torre, la del central, visiblemente más alta. Es difícil de clasificar y todavía más de describir. Tiene elementos neoplaterescos, pero están más asimilados que copiados, por lo que no recuerda a los edificios que hemos incluido bajo esta denominación. Encima de la puerta hay una ornamentación que nos parece inspirada en los tímpanos de algunas iglesias románicas, con la diferencia de que en el centro, en vez de un pantocrátor o una imagen de la Virgen María, hay un escudo de España, y el dosel, en vez de presentar figuras humanas, presenta escudos vacíos que se alternan con cabezas de animales difíciles de identificar. Y la fachada no es epitelial, sino reflejo de su estructura interna (COAM, 1984*b*: 188).

Desde este edificio divisamos otro, completamente diferente: el antiguo Banco del Río de la Plata, hoy Instituto Cervantes (c/ Alcalá, n.º 49), de 1911-1918. Presenta una fachada achaflanada con cuatro cariátides de gran tamaño que, como ya hemos comentado en el capítulo anterior, están inspiradas, según Rodríguez Ariza, en el Ministerio de Agricultura, en el que Palacios colaboró personalmente. Las fachadas laterales están formadas por grandes columnas jónicas de fuste acanalado, que se alternan con vanos acristalados. Sobre las columnas hay un entablamento y sobre este hay como unos triglifos que se alternan con ventanas triples. Se corona el edificio con un último piso de menos superficie, que solo se ve a distancia, en el que hay columnas jónicas apareadas.

Y casi enfrente nos encontramos con el Círculo de Bellas Artes (c/ Alcalá, n.º 42), edificio también sorprendente que se aproxima vagamente al racionalismo. Rodríguez Ariza lo describe diciendo que es un edificio de bloques en el que no hay ni jerarquía piramidal, ni ejes de simetría en sus volúmenes (2022: 364). Es una descripción basada más en lo que no hay que en lo que hay, pero nos parece correcta. Y a pocos metros encontramos el Banco Mercantil e Industrial (c/ Alcalá, n.º 31), última obra madrileña de Antonio Palacios, acabada en la época de Franco. Su fachada está planteada como un gigantesco arco de medio punto, ocupado en gran parte por una tribuna acristalada, y se remata con una galería con columnas jónicas.

Es difícil reseñar todos los edificios de Palacios en Madrid y sería prolijo describirlos todos. La mayoría de ellos se encuentran en el centro. Entre los edificios comerciales cabe destacar la Casa Palazuelo (c/ Mayor, n.º 4), cuya fachada está formada por columnas apareadas y galerías, y la Casa Matesanz (c/ Gran Vía, n.º 27), con una fachada similar, con pilastras en vez de columnas. También hizo edificios de viviendas, como el número 20 de la calle Viriato, que es un edificio exento, y el número 3 de la calle del Marqués de Villamejor.

Y hemos dejado para el final el Hospital de Jornaleros (c/ Maudes, n.º 17), obra de 1908-1916, que está alejado del centro de Madrid. Es quizá el edificio más complejo de Palacios y, sin duda, el que ocupa más superficie. Es de los más antiguos y el que más similitud tiene con el Palacio de Comunicaciones, sobre todo, por sus torres. La fundación de este hospital es iniciativa de doña Dolores Romero, viuda de del industrial Curiel y Blasi, uno de los fundadores del Banco de España. Se trataba de dar asistencia médica gratuita a los trabajadores carentes de recursos, donde pudieran recuperar plenamente su salud, de manera que al salir de este hospital pudieran reincorporarse al trabajo.

El edificio está formado por un patio central octogonal de cuyos lados alternos salen cuatro pabellones rectangulares donde se sitúan los enfermos, adoptando una estructura radial, a imitación de algunos modelos carcelarios. Los demás lados están ocupados por la iglesia, los quirófanos y el monumental cuerpo de entrada que da a la calle Maudes.

También es importante su aportación al mobiliario urbano, sobre todo al metro, aunque muchas cosas se han perdido. Destaca el templete de entrada al metro de la Red de San Luis, que es una copia, ya que el original se encuentra en Porriño, que lo reclamó cuando el Ayuntamiento de Madrid decidió prescindir de él.

Pero el narcisismo de muchos arquitectos es peligroso o potencialmente peligroso, y Palacios no fue una excepción. Durante la Guerra Civil estuvo aislado en su casa y se dedicó a acabar unos proyectos de remodelación megalómana del centro de Madrid, que suponía la total desaparición de la Puerta del Sol y sus aledaños (Pallol, 2016: 206). No entramos en su valoración estética, pero nos parece inadmisible que un arquitecto del siglo xx se plantee la destrucción de lo que habían hechos otros, alterando completamente el Madrid antiguo y destruyendo edificios valiosos como la Casa de Correos o la Aduana de Sabatini. El proyecto entusiasmó al Generalísimo, para quien Madrid era la odiada capital republicana[45], que ni siquiera había tomado por la fuerza de las armas, sino por las discrepancias entre los dirigentes republicanos, y no tenía ningún inconveniente en borrar su historia. Por suerte, el proyecto era absolutamente inviable económicamente, pero si se hubiera llevado a la práctica, a Madrid habría habido que cambiarle el nombre y llamarla Palaciópolis. De hecho, otros proyectos menos ambiciosos, como el Plan Bidagor (Pallol, 2016: 211), fracasaron por la codicia de los mismos promotores.

Pero no fue el único proyecto megalómano de Palacios. Aunque se sale del tema de este libro, nos

45 David Pallol nos informa de que en un congreso de ministros celebrado en Burgos, Ramón Serrano Suñer planteó la posibilidad de trasladar la capital del estado a Sevilla, donde había triunfado la sublevación militar, idea con la que coqueteó el Generalísimo (2016: 19).

interesa comentar que hizo el proyecto de una avenida que iba desde el parque de la Herradura de Santiago de Compostela hasta la plaza del Obradoiro. Hubiera destruido la calle de la Trinidad y la avenida de Raxoy, formadas por viviendas muy dignas, provistas de las típicas galerías gallegas, que para nada ofenden la monumentalidad de la plaza del Obradoiro. Lo que planeaba Palacios era añadir una seudomonumentalidad que incluso hubiera restado protagonismo a la plaza. Para disparates ya fue suficiente con el perpetrado en la plaza de las Platerías de la misma ciudad, donde se destruyeron unos edificios muy dignos para edificar el Banco de España, hoy Museo de las Pereginaciones, añadiendo a la plaza una seudomonumentalidad que no necesitaba en absoluto y que solo sirve para confundir al visitante.

Antonio Palacios Ramilo murió en Madrid en el año 1945.

El franquismo fue nefasto desde el punto de vista arquitectónico. Pero nos interesa puntualizar esta afirmación. No nos referimos a las destrucciones producidas por la guerra, inherentes a todo conflicto bélico e inconmensurable con las vidas humanas, que el nuevo régimen se dio una cierta diligencia en solucionar[46].

---

46 En enero de 1938 se fundó el Servicio Nacional de Regiones Devastadas y Reparaciones.

Tampoco nos referimos a la arquitectura propiamente franquista, propia de los años cuarenta y cincuenta, escándalo de los arquitectos modernos, que en Madrid es especialmente abundante. Es efectivamente una arquitectura ideologizada, de cortos vuelos, que supone un claro retroceso respecto a la arquitectura republicana, pero que nos parece relativamente inofensiva y en la que podríamos espigar algún edificio valioso. Quizá el edificio del primer franquismo más desafortunado sea el edifico Sindicatos (p.º del Prado, n.º 18-20), de **Francisco de Asís Cabreros** (Santander, 1912-Madrid, 2005), que lo es más por su altura y su ubicación que por su arquitectura, y por ocupar el lugar del palacio de Xifré. Los dos rascacielos de esta época, el edificio España (c/ Gran Vía, n.º 86-88) y la Torre Madrid (pl. de España, n.º 18), obras ambas de Joaquín Otamendi, que ya hemos citado como colaborador de Antonio Palacios, mantienen una cierta discreción estética, sobre todo, el primero.

David Pallol, en su excelente libro *Construyendo un imperio*, hace una profunda crítica de esta arquitectura, que asumimos plenamente pero que no está en contradicción con las dos afirmaciones anteriores[47]. Tampoco se aparta mucho de nuestra opinión Rodríguez

47 Dice que, si se prescinde del contexto histórico, muchos de estos edificios pueden parecer neutros e inofensivos (2016: 15).

Ariza cuando dice que es una arquitectura sencilla pero dignamente aceptable (2022: 402). Se trata de una arquitectura inspirada en El Escorial, en Juan de Villanueva y algo, pero mucho menos, en Pedro de Ribera, y no del todo exenta del odiado racionalismo republicano. De toda esta arquitectura nos dice que nació muerta.

Pero, como dice el dicho castellano, lo que vino después nos la ha hecho buena. En los años sesenta una bárbara especulación se abatió sobre las ciudades españolas, triturando ensanches y cascos antiguos, hasta dejarlas, en los casos más extremos, absolutamente irreconocibles. La afirmación puede parecer exagerada si se piensa en las ciudades grandes, pero no lo es en ciudades de tamaño medio o pequeño[48]. En España hay pueblos que solo mantienen como edificios dignos la iglesia, el mercado y el ayuntamiento, y en algunos casos ni eso. Conozco una ciudad cuyo ayuntamiento figuraba en una de las guía de su comunidad autónoma que en los años setenta fue sustituido por un horrible cajón de cemento. Hay que decir que se molestaron en poner una foto del ayuntamiento

---

48 Chueca Goitia dice que en las capitales de provincia la destrucción es mayor. Creemos que no es así, y que el grado de destrucción no depende ni del tamaño ni del tipo de ciudad, sino que es función inversa de su categoría artística (1977: 12).

antiguo, para que todo el que entrara pudiese darse cuenta del disparate perpetrado por el alcalde.

Evidentemente, Madrid no fue una excepción, pero el fenómeno no fue mayor que en otras ciudades. El caso más flagrante nos parce la plaza de Colón, que quedó completamente triturada. A la demolición de la Casa de la Moneda de Jareño, cuyo solar ocupan los jardines del Descubrimiento, se sumaron las Torres de Colón (c/ Génova, n.º 2) y el edificio Colón (c/ de la Armada Española) en el solar de palacio de los Duques de Uceda. Aunque no es ni mucho menos el único despropósito, el panorama nos parecería diferente si se hubiese conservado esta plaza. Esta situación dio lugar a una arquitectura de muy poca calidad, aunque jaleada por muchos libros de arquitectura, en la cual, según nuestra opinión, muy pocos edificios se salvan. Nos identificamos plenamente con Chueca Goitia cuando, en su libro *La destrucción del legado urbanístico español*, critica a Franco por su nulo interés por el patrimonio artístico, permitiendo cualquier disparate con tal que le dejaran gobernar en paz, añadiendo que si Hitler destruyó las ciudades alemanas neronianamente con su derrota, Franco las destruyó con su victoria (1977: 17).

El arquitecto que mejor ilustra estos cambios es **Luis Gutiérrez Soto**. Al acabar la contienda civil se identificó plenamente con el bando vencedor, en cuyas filas había combatido. En junio de 1939 se celebró en Madrid la I Asamblea de Arquitectos, en la que dio un discurso a los asistentes, insistiendo en que la arquitectura era un vehículo privilegiado para plasmar la ideología y los valores del nuevo régimen, que miraba con envidia al III Reich. Y se encargó de la primera y más monumental obra de la arquitectura fascista española, el Ministerio del Aire, hoy día Ministerio del Ejército, construido en el solar de la cárcel Modelo. Es una réplica de El Escorial tan evidente que no necesita descripción. Su similitud con dicho edificio no se le escapa ni al observador menos atento, pero, por si acaso había alguna duda, hizo una plaza delante, con unos edificios llamados Arcos de la Moncloa, que recuerdan a las Casas de los Oficios de El Escorial. Su influencia fue enorme. Sus chapiteles austriacos, como dice Pallol, sentaron cátedra, y a partir de entonces brotaron por todo Madrid, incluso en edificios preexistentes, como el Ministerio de Justicia. Pero de lo que se trataba era de ser más españoles que España (Pallol, 2016).

El hecho de que un edificio esté inspirado en otro no es en sí una crítica. No es el único edificio inspirado en El Escorial. Ya hemos comentado que es el caso del palacio de Santa Cruz y el del Colegio de la Compañía de Monforte de Lemos, pero no todo vale en cualquier época, y de ahí que Pallol lo defina como un «exquisito cadáver» (2016: 14). Además, el edificio causó polémica por su elevado coste y por su inadecuación a su función. De hecho, nunca tuvo una inauguración oficial y el mismo autor acabó renegando de él (Pallol, 2016: 86). Los madrileños se lo tomaron con humor y enseguida lo bautizaron como Monasterio del Aire. No entramos en consideraciones ideológicas, pero no consideramos a Luis Gutiérrez Soto un arquitecto versátil, lo cual es en sí una virtud, sino un oportunista rayano en el ridículo.

Posteriormente Gutiérrez Soto construyó numerosos edificios y sería prolijo citarlos todos. Se apartó levemente del estilo imperial, pero todos son de menor categoría que los realizados antes de la guerra. Entre los muchos edificios de viviendas destacaríamos el de la confluencia Juan Bravo con Velázquez, dando lugar a un chaflán curvo; el de la confluencia de Núñez de Balboa con Padilla (c/ Padilla, n.º 32), cuyo chaflán es cóncavo; y el número 63 de la calle Serrano. El edificio de viviendas Carlos III (c/ Goya, n.º 5 / c/ Hermosilla, n.º 6), de 1945-1946, supone un distanciamiento de la arquitectura de este tipo, pero su calidad estética nos parece menor.

Pero su oportunismo no se acabó aquí. Al llegar el desarrollismo de los años sesenta se apuntó a la moda imperante e hizo unos cuantos edificios de gran altura, de nula calidad estética, como el de la confluencia de la plaza del Doctor Marañón con la Castellana (p.º de la Castellana, n.º 68) y el de la Torre Retiro (c/ Menéndez y Pelayo, n.º 67). Pero el mayor atentado estético es el edificio de las oficinas La Unión y el Fénix (p.º de la Castellana, n.º 37), que, como muchos edificios de esta calle, se hicieron destruyendo otros. Luis Gutiérrez Soto murió en el año 1977.

Hemos citado cuatro ejemplos: las Torres de Colón, la Torre de Valencia, la Torre del Retiro y el edificio de La Unión y el Fénix, que son exponentes de la nula calidad de la arquitectura del finales del franquismo, que dura hasta nuestros días. Anterior a todos ellos es el edificio Torres Blancas (avda. de América, n.º 37), obra de 1964-1968 de **Francisco Javier Sáenz de Oiza** (Cáseda, 1918-Madrid, 2000) que, sin ser una genialidad, tiene algo más de categoría estética. No hay duda de que el franquismo a medida que avanza el tiempo empeora su calidad arquitectónica.

Después de La Unión y el Fénix de Luis Gutiérrez Soto todo fue empeorando. La Castellana se ha convertido en un museo de los horrores, con edificios que compiten en altura y en mal gusto, sin ningún sentido del urbanismo, que son muestra del peor narcisismo arquitectónico. Nos encontramos con el edificio Bankunión (p.º de la Castellana, n.º 46), de **José Antonio Corrales** (Madrid, 1921-2010) y **Ramón Vázquez** (La Coruña, 1922-Madrid, 1993); el edificio de oficinas Adriática (p.º de la Castellana, n.º 47), obra de 1978-1979 de **Francisco Javier Carvajal**, autor de la Torre de Valencia; la Torre del BBVA (p.º de la Castellana, n.º 81), obra de 1978-1981 de diferentes arquitectos, entre otros, Sáenz de Oiza, del que hemos hablado como autor de las Torres Blancas, lo que nos demuestra que su sensibilidad estética fue empeorando; la Torre Europa (p.º de la Castellana, n.º 95), de **Miguel de Oriol e Ibarra** (Madrid, 1933); el edificio Castelar (p.º de la Castellana, n.º 50), obra de 1975-1983 de **Rafael de la Hoz** (Madrid, 1924-2000); y las Torres KIO (p.º de la Castellana, n.º 119 y 226), del estadounidense **Philip Johnson** (Cleveland, 1906-New Canaan, 2005), llamadas pomposamente Puerta de Europa. Y el siglo XXI remató la Castellana con las Cuatro Torres (p.º de la Castellana, n.º 259), obra de 2004-2021 de diferentes arquitectos.

Pero, lamentablemente, la Castellana no tiene el monopolio de los despropósitos. Además de las ya citadas Torres de Colón, del Retiro y de Valencia, nos encontramos con el edificio de los Cubos (c/ Albacete, n.º 5), obra de diferentes arquitectos; el edifico La Vela del BBVA (c/ Sauceda, n.º 28), de **Jacques Herzog** (Basilea, 1950); o el edificio Mirador (c/ Princesa de Éboli, n.º 13-21), de **Blanca Lleó** (Madrid, 1959). Otros edificios nos parecen de una altura excesiva pero más discretos estéticamente, como la Torre

Titania (c/ Raimundo Fernández Villaverde, n.º 65), obra de 2007-2013 de **Pablo Muñoz**; la Torre Picasso (pl. de Pablo Ruiz Picasso, n.º 1), del estadounidense **Minuro Yamasaki** (Seattle, 1912-Detroit, 1986); o el edificio Vallecas (c/ José Antonio Rebolledo y Palma, n.º 20), obra de 2006-2010 de **María Hurtado de Mendoza** (Madrid, 1968), cuya construcción requirió un cambio de normativa sobre las alturas permitidas (Rodríguez Ariza, 2022: 486).

Pero no es necesario que un edificio sea muy alto para constituir un atentado urbanístico. Los ejemplos son abundantes, incluso en el Madrid antiguo, y no podemos citarlos todos. En la Carrera de San Jerónimo nos encontramos con el Banco de Madrid (c/ Carrera de San Jerónimo, n.º 13), obra de **Antonio Bonet** (Barcelona, 1913-1986), autor de edificios valiosos como el de La Ricarda. Pero este edificio acristalado, aunque respete las alturas, es un auténtico atentado estético que rompe la unidad de la calle. Lo mismo podemos decir del edificio Girasol (c/ Ortega y Gasset, n.º 23), obra de 1964-1966 de **José Antonio Coderch** (Barcelona, 1913-1984), de muy dudoso gusto, situado en pleno barrio de Salamanca, rompiendo su unidad. En la confluencia de la calle Velázquez, número 76, con la de Don Ramón de la Cruz se encuentra el Banco del Norte, obra de 1976-1978 de

Eleuterio Población (Huelva, 1928-Madrid, 2011), que, además de ser antiestético, no respeta las alturas.

Evidentemente, no todos los edificios modernos son de poca calidad. Pero no encontramos nada comparable a un Mies van der Rohe, ni a un Aalto, ni a un Le Corbusier, por citar algunos grandes de la arquitectura moderna, ni nada comparable a la arquitectura que se hizo antes de la Guerra Civil, ni nada que haya mejorado sustancialmente la arquitectura de los primeros años del franquismo. Y si el futuro de Madrid es ser la megalópolis de la Europa del Sur, como pretenden algunos políticos, la arquitectura no se verá favorecida.

Bibliografía

AA. VV.: *Francisco Sabatini. La arquitectura como metáfora del poder.* Sociedad Editorial Electa España, Madrid, 1993.

Alvar Ezquerra, A.: «Los traslados de corte y el Madrid de los Austrias (1561 y 1601-1606)», en Miguel Morán y Bernardo J. García (eds.): *El Madrid de Velázquez y Calderón: Villa y Corte en el siglo XVII*, vol. I. Estudios Históricos. Madrid: Ayuntamiento de Madrid-Fundación Caja de Madrid, 2000, pp. 41-60.

Azcárate Ristori, J. M.: *Historia del arte*, t. III: *La arquitectura, I: De los orígenes al Renacimiento.* Barcelona: Fernando Carroggio, 1983.

Beltramini, G.; y H. Burns: *Palladio.* Barcelona: Fundación La Caixa-Turner, 2009.

Blasco Esquivias, B.: «Grandeza y miseria de Madrid en el Siglo de Oro», en Miguel Morán y Bernardo J. García (eds.): *El Madrid de Velázquez y Calderón: Villa y Corte en el siglo XVII*, vol. I. Estudios Históricos. Madrid: Ayuntamiento de Madrid-Fundación Caja de Madrid, 2000, pp. 83-100.

COLEGIO OFICIAL DE ARQUITECTOS DE MADRID: *Guía de de Madrid: Arquitectura y urbanismo*. Madrid: Ayuntamiento-COAM, 1984*a* (tomo I) y 1984*b* (tomo II).

—: *Guía para visitar las iglesias y conventos del Antiguo Madrid*. Madrid: Ayuntamiento-COAM, 1996.

COSTA BUJÁN, P.; y J. Morenas Aydillo: *Santiago de Compostela, 1850–1950: Desenvolvemento urbano outra arquitectura*. La Coruña: Colegio Oficial de Arquitectos de Galicia, 1989.

CHUECA GOITIA, F.: *Breve historia del urbanismo*. Madrid: Alianza, 1918.

—: *La destrucción del legado urbanístico español*. Madrid: Espasa Calpe, 1977.

—: *Historia del arte*, t. IV: *La arquitectura, II: Del Barroco a nuestros días*. Barcelona: Fernando Carroggio, 1983.

DARIAS PRÍNCIPE, A.: *Arquitectura del siglo XIX*, Cuadernos de arte español, n.º 37 (Historia 16). Madrid: Información e Historia, 1991.

GÓNGORA, Luis de: *Letrillas*. Madrid: Castalia, 1980.

—: *Sonetos completos*. Madrid: Castalia, 1985.

GRITELLA, G.: *Juvarra: L'architettura*, 2 vols. Módena: Franco Cosimo Panini, 1992.

Guardia, M.; F. J. Moncloa; y J. L. Oyón: *Atlas histórico de ciudades europeas*. Barcelona: Centre de Cultura Contemporània de Barcelona, 1995.

Gutiérrez Pastor, I.: *Ventura Rodríguez*, Cuadernos de arte español, n.º 79 (Historia 16). Madrid: Información e Historia, 1991.

Hernando, J.: *Arquitectura en España: 1770-1900*. Madrid: Cátedra, 2004.

Moleón Gavilanes, P.: *Villanueva y la arquitectura neoclásica*, Cuadernos de arte español, n.º 73 (Historia 16). Madrid: Información e Historia, 1991.

Navascués Palacio, P.: *Arquitectura y arquitectos madrileños del siglo xix*. Madrid: Instituto de Estudios Madrileños, 1973.

—: *La plaza Mayor en España*, Cuadernos de arte español, n.º 83 (Historia 16). Madrid: Información e Historia, 1991.

Pallol, D.: *Construyendo imperio*. Madrid: Ediciones La Librería, 2016.

Rincón Álvarez, M.: *El Renacimiento en el monasterio de San Lorenzo de El Escorial*. Madrid: Ediciones La Librería, 2023.

Rodríguez Ariza, M.: *Madrid para madrileños*. Madrid: Ediciones La Librería, 2022.

SANCHO GASPAR, J. L.: *Arquitectura barroca cortesana*, Cuadernos de arte español, n.º 56 (Historia 16). Madrid: Información e Historia, 1991.

TOVAR MARTÍN, V.: *Arquitectura madrileña del siglo XVII*. Madrid: Instituto de Estudios Madrileños, 1983.

—: «Consideraciones sobre el arte de construir en el Madrid del siglo XVII», en Miguel Morán y Bernardo J. García (eds.): *El Madrid de Velázquez y Calderón: Villa y Corte en el siglo XVII*, vol. I. Estudios Históricos. Madrid: Ayuntamiento de Madrid-Fundación Caja de Madrid, 2000, pp. 209-220.

URRUTIA NÚÑEZ, A.: *Arquitectura moderna: el GATEPAC*, Cuadernos de arte español, n.º 19 (Historia 16). Madrid: Información e Historia, 1991.

—: *Arquitectura española del siglo XX*. Madrid: Cátedra, 1997.

ZEIS, B.: *Saber ver la arquitectura*, C. Calcaprina y J. Bermejo Goday (trad.). Barcelona: Poseidón, 1979.

Lista de términos arquitectónicos empleados en este libro

Acrótera. Pieza labrada o escultura de carácter ornamental, que se dispone en los vértices de los frontones, ya sea en el superior o en los laterales.

Almohadillado. Acabado de las fachadas en el que se marcan los límites entre los sillares. Aunque el efecto puede ser más aparente que real si los límites son inventados y no corresponden a los sillares.

Arco adintelado. Arco de forma rectangular.

Arco de medio punto. Arco con forma de semicircunferencia completo.

Balaustrada. Barandilla soportada por balaustres, que son pilares comúnmente abombados, que pueden presentar capitel y otras ornamentaciones.

Cariátide. Estatua generalmente de una mujer con ropa talar que hace la función de una columna o pilastra, pues su cabeza sostiene un entablamento.

Casetón. Cada uno de los compartimentos de un techo dividido en polígonos regulares, sea o no abovedado, cuya función es ornamental.

Claristorio. Parte de la nave central de una iglesia románica o gótica que sobrepasa en altura a las laterales. Es llamada así porque sus aberturas iluminan el interior del edificio.

Columna. Véase **Orden**.

Crujía. Cada una de las partes principales de un edificio desde el punto de vista de su estructura.

Chapitel. Remate de una torre de forma piramidal o cónica. En la ermita de la Virgen del Puerto remata también el tambor, lo que es excepcional.

Entablamento. Ver **Orden**.

Espadaña. Muro rematado en punta, normalmente prolongación de la fachada, en el que se abren huecos donde se colocan las campanas.

Estípite. Columna o pilastra con forma de pirámide truncada, con la base menor hacia abajo.

Frontón. Coronamiento triangular de la fachada de un edificio o de una ventana, que también pueden ser curvos.

Hornacina. Hueco o nicho practicado en un muro que normalmente contiene una imagen.

Linterna. Torrecilla que corona una cúpula, con aberturas laterales, que permiten la iluminación del interior del edificio.

Luneto. Abertura en la bóveda principal para iluminar el interior mediante la intersección de una bóveda menor perpendicular a la principal, generalmente de medio cañón.

Mampostería. Obra de albañilería formada por piedras sin labrar o labradas groseramente aparejadas irregularmente.

Mansarda. Tejado con mucha pendiente en el que normalmente hay ventanas llamadas amansardadas. Estas ventanas están en un plano paralelo a la fachada, por lo que requieren un techo y unas protecciones laterales de forma triangular.

Medallón. Motivo ornamental en forma de círculo o de óvalo con relieves en su interior.

Ménsula. Elemento sobresaliente de un muro que sirve como soporte de otros elementos en voladizo.

Modillón. Pequeña ménsula que sostiene una cornisa, o lo aparenta, en cuyo caso su función es ornamental.

Nártex. Pórtico o vestíbulo de una iglesia transversal a la nave y a la fachada.

Óculo. Ventana pequeña circular u ovalada.

Orden. El orden arquitectónico está formado por el elemento vertical, que son las columnas o las pilastras, y el horizontal, formado por el entablamento. Las columnas constan de base, fuste y capitel, que es el que permite diferenciar el orden. Estos órdenes son básicamente el dórico, el jónico y el corintio, aunque en Madrid abundan los capiteles compuestos. El entablamento se divide en arquitrabe, friso y cornisa. Pero en algunas expresiones la palabra *orden* significa solo las columnas o pilastras, como cuando hablamos de órdenes gigantes, que significa columnas o pilastras muy altas.

Paño. Porción de la superficie de una pared

Pilastra. Pilar que sobresale parcialmente de un muro para dar apariencia de una columna, de función decorativa.

Semicolumna. Columna adosada a un muro, del que sobresale parcialmente, pudiendo soportar una carga estructural parcial. Podría definirse como intermedia entre columna y pilastra.

Semicolumna fajada. Semicolumna cuyo fuste presenta bandas transversales con cierto resalte.

Tambor. Muro cilíndrico o poligonal sobre el que se apoya la cúpula.

Tholos. Edificio o parte de un edificio de forma circular, rodeado de columnas y normalmente cubierto por una cúpula.

Tímpano. En la portada de una Iglesia, espacio comprendido entre el dintel de la puerta y las arquivoltas.

Triglifo. Elemento de carácter ornamental, en forma de paralelepípedo, surcado por tres estrías salientes o glifos.

Transepto. Nave transversal que cruza la principal perpendicularmente, siendo el crucero el espacio común a ambas. A veces se utiliza con el significado de crucero.

Vano. Cualquier hueco abierto en el muro que rompa su continuidad.

Ventanas amansardadas. Véase **Mansarda.**

Voluta. Motivo ornamental con forma de espiral.

Lista de arquitectos citados en este libro

LISTA DE ARQUITECTOS CITADOS EN ESTE LIBRO